章太炎传

许寿裳 著

江西教育出版社
·南昌·

图书在版编目（CIP）数据

章太炎传 / 许寿裳著 . —— 南昌：江西教育出版社，2019.10（2021.9 重印）

ISBN 978-7-5705-1335-2

Ⅰ.①章… Ⅱ.①许… Ⅲ.①章太炎（1869—1936）— 传记 Ⅳ.① B259.25

中国版本图书馆 CIP 数据核字 (2019) 第 169708 号

章太炎传
ZHANG TAIYAN ZHUAN

许寿裳　著

江西教育出版社出版

（南昌市抚河北路 291 号　　邮编：330008）
各地新华书店经销
北京长宁印刷有限公司印刷
660 毫米 ×960 毫米　　16 开本　　8.25 印张　　字数 115 千字
2019 年 10 月第 1 版　　2021 年 9 月第 2 次印刷
ISBN 978-7-5705-1335-2
定价：38.00 元

赣教版图书如有印装质量问题，请向我社调换　电话：0791-86706047
投稿邮箱：JXJYCBS@163.com　　电话：0791-86705643
网址：http://www.jxeph.com

赣版权登字 -02-2019-519
版权所有　侵权必究

目　录

第一章　最近三百年来中国政治和学术的鸟瞰

第一节　绪　言……………………………………………001

第二节　满洲政府的罪恶……………………………………004

第三节　民族主义的沦没……………………………………006

第四节　帝国主义的猖狂……………………………………012

第五节　固有学术的消沉……………………………………014

第二章　革命元勋的章先生

第六节　幼年期的民族思想…………………………………016

第七节　会见国父痛驳康有为时期…………………………019

第八节　光复会时期…………………………………………022

第九节　入狱时期……………………………………………024

第十节　编辑《民报》时期…………………………………028

第十一节　功成后的做官……………………………………033

第十二节　功成后的被幽囚…………………………………037

第三章　国学大师的章先生

第十三节　治学与师友·················041

第十四节　革命不忘讲学···············045

第十五节　语言文字学上的贡献·········050

第十六节　文学上的贡献···············055

第十七节　史学上的贡献···············059

第十八节　经子及佛学上的贡献·········072

第十九节　对于中印文化沟通的期望·····080

第四章　先生晚年的志行

第二十节　对于甲骨文的始疑终信·······084

第二十一节　对于全面抗日的遗志·······086

第二十二节　先生的日常生活···········089

第二十三节　"学而不厌·诲人不倦"·····092

附录一··095

附录二··099

第一章　最近三百年来中国政治和学术的鸟瞰

第一节　绪　言

革命元勋

章先生名炳麟，字枚叔，爱慕昆山顾炎武的为人，改名曰绛，别号太炎。是革命元勋，同时是国学大师。这个革命的意义是什么？只要一看那时代的背景，便可了然。先生以公元一八六八年（民国纪元前四四年，即清同治七年），生于浙江余杭县东乡，生年比国父小二岁。那时候，正是中英缔结不平等条约——《南京条约》后二十四年，英法联军攻破北京后八年，太平天国的运动被消灭后四年。从里面看，满清政府的腐败一天厉害一天；从外面看，列强帝国主义的压迫一天沉重一天。但是当时士大夫们苟且偷安，懵然无觉。所谓优秀分子者，也不过或言变法，或谈立宪，议论纷纷，徒乱一般人民的视听。自从先生以历史民族之义提倡光复，"首正大义，截断众流"，又和国父相见定交，同谋革命，先生的文字鼓吹的力量，特别来得闳大壮美。因之遭逮捕，入幽牢，百折不挠，九死无悔，而后国民感慕，翕然从风。其于民国艰难缔造之功，国父而外，实为第一，所以称之曰革命元勋。

国学大师

至于章先生学术之大，也是前无古人。试看有清一代的学术，惟有语言文字之学，就是所谓"小学"，的确超轶前贤，光芒万丈，其余多是不振。其原因就在满洲入关以后，用种种凶暴阴险的手段来消灭我们汉族的民族意识。我们看了足以惊心动魄，例如兴文字狱呀、焚书呀、删改古书呀，民多忌讳，所以歌诗、文史趋于枯窳；愚民策行，所以经世实用之学也复衰竭不堪。使一般聪慧的读书人，都只好钻入故纸堆中，做那考据训诂的学问。独有先生出类拔萃，虽则他的入手工夫也是在小学，然而以朴学立根基，以玄学致广大，批判文化，独具慧眼，凡古今政俗的消息，社会文野的情状，中、印圣哲的义谛，东西学人的所说，莫不察其利病，识其流变，观其会通，穷其指归。"千载之秘，睹于一曙。"这种绝诣，在清代三百年学术史中没有第二个人，所以称之曰国学大师。

中华民国国名的解释

章先生的地位，无论在中国学术史上，或在中国革命史上都是卓绝的。我们有国父和先生才有革命，有革命才有"中华民国"。要晓得我们的中华民国之称，尚系发源于先生的《中华民国解》。现在录一节如下：

> 中国之名，别于四裔而为言。印度亦称摩伽陀为中国，日本亦称山阳为中国，此本非汉土所独有者。就汉土言汉土，则中国之名，以先汉郡县为界。然印度、日本之言中国者，举中土以对边郡；汉土之言中国者，举领域以对异邦，此其名实相殊之处。诸华之名，因其民族初至之地而为言。世言昆仑为华国者，特以他事比拟得之。中国前皇曾都昆仑以否，史无明征，不足引以为质。然神灵之胄自西方来，以雍、梁二州为根本。宓羲生成纪，神农产姜水，黄帝宅桥山，是皆雍州之地。高阳起于若水，高辛起于江水，舜居西城（原注：据《世本》，西城为汉中郡属县，故公孙

尼子言舜牧羊于汉阳。据《地理志》，汉中郡襃中县有汉阳乡），禹生石纽，是皆梁州之地。观其帝王所产，而知民族奥区，斯为根极。雍州之地，东南至于华阴而止；梁州之地，东北至于华阳而止。就华山以定限，名其国土曰华，则缘起如是也。其后人迹所至，遍及九州。至于秦、汉，则朝鲜、越南皆为华民耕稼之乡，华之名于是始广。华本国名，非种族之号。然今世已为通语，世称山东人为侉子者，侉即华之遗言矣。正言种族，宜就夏称。《说文》云："夏，中国人也。""蛮夷猾夏"，《帝典》已有其文，不知起于夏后之世。或言远因大夏，此亦与昆仑华国同类。质以史书，夏之为名，实因夏水而得。是水或谓之夏，或谓之汉，或谓之漾，或谓之沔，凡皆小别互名；本出武都，至汉中而始盛，地在雍、梁之际。因水以为族名，犹生姬水者之氏姬，生姜水者之氏姜也。夏本族名，非邦国之号，是故得言诸夏。其后因族命地，而关东亦以东夏著。下逮刘季，抚有九共，与匈奴、西域相却倚，声教远暨，复受汉族之称。此虽近起一王，不为典要。然汉家建国，自受封汉中始，于夏水则为同地，于华阳则为同州，用为通称，适与本名符会。是故华云，夏云，汉云，随举一名，互摄三义。建汉名以为族，而邦国之义斯在。建华名以为国，而种族之义亦在：此中华民国之所以谥。（《太炎文录·别录卷一》）

由此可知华是国名，原于华山。雍、梁二州，中间以华山山脉为界（秦岭山脉应正名为华山山脉）。我们的祖先开国，本以这二州做根据。故就华山山脉以定方位，而名其土曰华。夏是族名，说文训中国之人。因为本是族名，并非邦国之号，所以得称诸夏。

国父说过："民族主义就是国族主义，在中国是适当的，在外国便不适当。"这句遗训，于今于古，都是恰当的。我们从古以来，自称华夏。华夏二字连称，便可作为国父所说"民族主义就是国族主义"的一个实证。又得先生这样明白的解释，使人豁然贯通，真可谓之"相得益彰"。

第二节　满洲政府的罪恶

满清盗有中夏

满洲爱新觉罗氏是女真的遗族，自从努尔哈赤起兵，蚕食邻部，其子皇太极入据全辽，我国适有流寇之乱，开门揖盗。于是多尔衮、福临父子，乘隙而入，宰割我国土，屠戮我人民，盗窃我政权，卒使黄帝遗胄，沦为奴隶者二百六十七年，四海困穷，救死不给。即如康熙中叶，人们每艳称为家给人足，但按其实际，何尝是如此！唐甄生当其时，他的《潜书·存言篇》有云："清兴五十余年，四海之内，日益困穷，中产之家，尝旬月不睹一金，不见缗钱，无以通之。故农民冻馁，丰年如凶。良贾行于都市，列肆焜耀，冠服华腴；入其家室，朝则囱无烟，寒则蜷体不伸。吴中之氓，多鬻男女于远方，遍满海内。"所谓盛时期，富庶地方尚且是这样，其余更可想见了。

政俗十四大罪

满清统治，稔恶盈贯，章先生写其肆虐的情形，历历如画，兹录一切如下：

>……今将数虏之罪，我中华国民其悉心以听：昔拓跋氏窃号于洛，代北群胡，犹不敢陵轹汉族。虏以要害之地，建立驻防，编户齐民，岁供甲米，是有主奴之分。其罪一也。既据燕都，征固本京饷以实故土，屯积辽东，不入经费；又镕金巨亿，贮之先陵，穿地藏赀，行同盗贼，故使财币不流，汉民日匮，无小无大，转于沟壑。其罪二也。诡言仁政，永不加赋，乃悉收州县耗羡以为己有，而令州县恣取平余；其余厘金夫马杂税之属，岁有增加，外窃仁声，内为饕餮。其罪三也。自流寇肆虐，遗黎彫丧，东南一隅，犹自完具。虏下江南，遂悉残破。南畿有扬州之屠、嘉定之屠、江阴之屠，浙江有嘉兴之屠、金华之屠，广东有广州之屠；复有大

同故将，仗义反正，城陷之后，丁壮悉诛，妇女毁郭，汉民无罪，尽为鲸鲵。其罪四也。台湾郑氏，舟师入讨，惧海滨居民之为乡导，悉数内迁，特申海禁，其后海外侨民为荷兰所戮者三万余人，自以开衅中华，上书谢罪。大酋弘历，悉置不问，且云寇盗之徒，任尔殄灭，自是白人始快其意。遂令南洋侨民，死亡无日。其罪五也。昔胡元入寇，赵氏犹有瀛国之封，宗室完具，不失其所。满洲戕虐弘光，朱氏旧宗，剿灭殆尽。延恩赐爵，只以欺世。其罪六也。胡元虽虐，未有文字之狱，自知貉子干纪，罪在不赦，夷夏之念，非可划绝。满洲玄烨以后，诛求日深，反唇腹诽，皆肆市朝。庄廷鑨、戴名世、吕留良、查嗣庭、陆生楠、汪景祺、齐周华、王锡侯、胡中藻等皆以议论自恣，或托讽刺于诗歌、字书之间，虏遂处以极刑，诛及种嗣；展转相牵，断头千数。其罪七也。前世史书之毁，多由载笔直臣，书其虐政，若在旧朝，一无所问。虏以人心思汉，宜所遏绝，焚毁旧籍八千余通，自明季诸臣奏议、文集而外，上及宋末之书，靡不烧灭，欲令民心忘旧，习为降虏。其罪八也。世奴之制，普天所无。虏既以厮役待其臣下，汉人有罪，亦发八旗为奴，仆区之法，有逃必戮。诸有隐匿，断斩无赦，背逆人道，苛暴齐民。其罪九也。法律既成，即当遵守，军容国容，互不相入。虏既多设条例，务为纠葛，督抚在外，一切以便宜从事。近世乃有就地正法之制，寻常私罪，多不覆按，府电朝下，囚人夕诛，好恶因于郡县，生杀成于墨吏，刑部不知，按察不问，遂令刑章枉桡，呼天无所。其罪十也。警察之设，本以禁暴诘奸，虏既利其虚名，因以自煽威虐。狙伺所及，后盗贼而先士人；淫威所播，舍奸宄而取良奥。朝市骚烦，道路侧目。其罪十一也。犬羊之性，父子无别。多尔衮以盗嫂为美谈，玄烨以淫妹为法制。其他蒸报，史不绝书，汉士在朝，习其淫愿，人为雄狐，家有麂鹿，使中夏清严之俗，扫地无余。其罪十二也。官常之败，恒由贿赂，前世赃吏，多于朝堂杖杀，子姓流窜，不齿齐民。虏有封豕之德，卖官鬻爵，著在令典；简任视事，率由苞苴。在昔大酋弘历，常善任用贪墨，因亦籍没其家，以实府藏。盗风既长，互相仵保，以官为贾，以法为市，子姓亲属，因缘为奸，幕僚外嬖，交伍于道。官邪之成，为古今所未有。其罪十三也。毡笠绦缨以为帽，端罩箭衣以为服，索头垂尾以为鬘，鞍鞯璎珞以为饰。往时以蓄发死者遍于天下，至今受其维系，使我衣冠礼乐，夷为牛马。其罪十四也。……（《太炎文录》卷二——《讨满洲檄》）

第三节 民族主义的沦没

文字狱

国父说:"民族主义这个东西,是国家图发达和种族图生存的宝贝。中国到今日已经失去了这个宝贝。……并且不只失去了一天,已经失去了几百年。"这是说我们的民族主义被满清政府消灭了的痛史。其所用以消灭的方法不一,有软的,有硬的。前者示恩,如开博学鸿辞科之类以牢笼士人;后者示威,如屡兴文字狱、焚书及删改古书之类以毁坏历史。兹仅将后者三项,分节略述:

文字狱的案件甚多,不仅由于讥刺清朝,所谓"反动"而已。亦有出有隔膜,或乡曲迂儒,不识忌讳,或草野愚民,关心皇室,然其运命大抵悲惨。现在此类档案,已由故宫博物院陆续刊布。这里仅就上节述及的关系民族思想的庄廷鑨等九人之狱,略叙述如下:

(一)庄廷鑨明史之狱

廷鑨浙江人,编《明史辑略》,于清廷的事概施直笔,为归安知县吴之荣所揭发,时廷鑨已卒,乃戮其尸,株连死者七十余人。

(二)戴名世《南山集》之狱

名世安徽人,《南山集》多采取方孝标所记,并用永历年号,遂处以极刑,族皆弃市。

(三)吕留良选文之狱

留良浙江人,评选时文,内有论夷夏之防。国亡著书,多种族之感。雍正时，以曾静狱牵涉；至于戮尸，株连甚众。

（四）查嗣庭试题之狱

嗣庭浙江人，为江西正考官。试题曰："维民所止。"评者谓此"维止"二字，是取"雍正"二字而去其头。胤禛帝竟谓其逆天负恩，并且迁怒于浙江全省的士子，谓恐其效尤，乃停乡、会试若干年。此亦一段清代考试的史料。嗣庭死于狱，仍被戮尸。

（五）陆生楠论史之狱

生楠广西人，著《通鉴论》十七篇，胤禛谓其借古诽今，淆乱国事，乃被杀于军前。

（六）汪景祺作诗之狱

景祺浙江人，随年羹尧为记室，作《西征随笔》。胤禛谓其作诗讥讪圣祖，大逆不道，立斩枭示，其妻子发往黑龙江，给穷披甲为奴。

（七）齐周华刻书之狱

周华浙江人，好游览，有《五岳游草》，足迹遍天下。以保吕留良，刻其书，磔于市。

（八）王锡侯字书之狱

锡侯江西人，作《字贯》一书，于《康熙字典》多所纠正。胤禛以其凡例内将庙讳及御名开列，就算不敬，治以大逆之罪。

（九）胡中藻诗钞之狱

中藻广西人，鄂尔泰门生。鄂与张廷玉二人互相龃龉，朝官依榜门户者，彼此攻讦，倾轧不已。弘历帝深恶之，因欲借文字狱以示惩儆。中藻所刻诗曰《坚磨生诗钞》，弘历乃指中藻以此自号，为有心谋逆，且寻摘诗词中疑似的字句，指为谤讪诋毁，遂被弃市。

焚书

焚书亦是十四大罪之一。国父说："所有关于记载满洲、匈奴、鞑靼的书，一概定为禁书，通通把它消灭，不准人藏，不准人看。"因为弘历假奖励文化的美名，行察勘禁书的私意，所以章先生揭发其隐，并列举书名及著者甚详，今摘录一段如下：

> ……自满洲乾隆三十九年，既开四库馆，下诏求书，命有触忌讳者毁之。四十一年，江西巡抚海成献应毁禁书八千余通，传旨褒美，督他省摧烧益急。自尔献媚者蜂起。初下诏时，切齿于明季野史。（谕曰："明季末造，野史甚多，其间毁誉任意，传闻异辞，必有诋触本朝之语。正当及此一番查办，尽行销毁，杜遏邪言，以正人心而厚风俗。"）其后四库馆议："虽宋人言辽、金，明人言元，其议论偏谬尤甚者一切拟毁。"及明隆庆以后，诸将相献臣所著奏议、文录，若高拱（《边略》）、张居正（《太岳集》）、申时行（《纶扉简牍》）、叶向高（《四夷考》《蘧编》《苍霞草》《苍霞余草》《苍霞续草》《苍霞奏草》《苍霞尺牍》）、高攀龙（《高子遗书》）、邹元标（《邹忠介奏疏》）、杨涟（《杨忠烈文集》）、左光斗（《左忠毅公集》）、缪昌期（《从野堂存稿》）、熊廷弼（《按辽疏稿》《书牍》《熊芝冈诗稿》）、孙承宗（《孙高阳集》）、倪元璐（《倪文正遗稿》《奏牍》）、卢象昇（《宣云奏议》）、孙传庭（《省罪录》）、姚希孟（《清閟全集》《沆瀣集》《文远集》《公槐集》，《公槐集》中有《建夷授官始末》一篇）、马世奇（《澹宁居集》）诸家，丝秩寸札，靡不燃爇。虽茅元仪《武备志》，不免于火（原注：《武备志》今存者，终以诋斥尚少，故弛之耳）。厥在晚明，当弘光、隆武，则袁继咸（《六柳堂集》）、黄道周（《广百将传注》）、金声（《金太史集》）；

当永历及鲁王监国,则钱肃乐(《偶吟》)、张肯堂(《寓农初议》)、国维(《抚吴疏草》)、煌言(《北征纪略》);自明之亡,一二大儒,孙氏则《夏峰集》,顾氏则《亭林集》《日知录》,黄氏则《行朝录》《南雷文定》,及诸文士侯、魏、丘、彭所纂述,皆以诋触见烬。其后纪昀等作《提要》,孙、顾诸家稍复入录,而颇去其贬文。或曰:朱、邵数君子实左右之。然隆庆以后至于晚明,将相献臣所著,仅有孑遗矣!其他遗闻轶事,皆前代逋臣所录,非得于口耳传述,而被焚毁者不可胜数也。……乾隆焚书无虑二千种,畸重记事,而奏议、文献次之……(《检论》卷四——《哀焚书》)

删改古书

国父说:"到了乾隆时代,连满、汉两个字都不准提起了,把史书都要改过,凡是当中关于宋、元历史的关系和明、清历史的关系,通通删去。"同门鲁迅也说:"乾隆朝的纂修《四库全书》,是许多人颂为一代之盛业的。但他们却不但捣乱了古书的格式,还修改了古人的文章;不但藏之内廷,还颁之文风颇盛之处。"鲁迅因为手头没有《四库全书》可查,而《四部丛刊续编》中,多系影宋刊本或旧钞本,还保存着满清暗杀中国著作的案卷,所以他举出两部书:(一)宋洪迈的《容斋随笔》至五笔。(二)宋晁说之的《嵩山文集》。洪氏书,据张元济跋,其中有三条就为清代刻本所没有。例如《容斋三笔》卷三里的《北狄俘虏之苦》——

> 元魏破江陵,尽以所俘士民为奴,无分贵贱,盖北方夷俗皆然也。自靖康之后,陷于金房者,帝子王孙,官门仕族之家,尽没为奴婢,使供作务。每人一月支稗子五斗,令自舂为米,得一斗八升,用为糇粮;岁支麻五把,令绩为裘。此外更无一钱一帛之入。男子不能绩者,则终岁裸体。虏或哀之,则使执爨,虽时负火得暖气,然才出外取柴归,再坐火边,皮肉即脱落,不日辄死。惟喜有手艺,如医人绣工之类,寻常只团坐地上,以败席或芦秸衬之,遇客至开筵,引能乐者使奏技,酒阑客散,各复其

初,依旧环坐刺绣,任其生死,视如草芥。……

至于《嵩山文集》,卷末就有单将《负薪对》一篇和四库本相对比,以见一斑的实证,现在摘录几条在下面,大抵非删则改,语意全非——

旧钞本

金贼以我疆场之臣无状,斥堠不明,遂豕突河北,蛇结河东。

犯孔子《春秋》之大禁。

以百骑却虏枭将。

彼金贼虽非人类,而犬豕亦有掉瓦恐怖之号,顾弗之惧哉!

我取而歼焉可也。

太宗时,女真困于契丹之三栅,控告乞援,亦卑恭甚矣。不谓敢眦睨中国之地于今日也。

忍弃上皇之子于胡虏乎?

何则?夷狄喜相吞并斗争,是其犬羊狺吠咋啮之性也。唯其富者最先亡。古今夷狄族帐,大小见于史册者百十,今其存者一二,皆以其财富而自底灭亡者也。今此小丑不指日而灭亡,是无天道也。

褫中国之衣冠,复夷狄之态度。

取故相家孙女姊妹,缚马上而去,执侍帐中,远近胆落,不暇寒心。

四库本

金人扰我疆场之地,边城斥堠不明,遂长驱河北,盘结河东。

为上下臣民之大耻。

以百骑却辽枭将。

彼金人虽甚强盛,而赫然示之以威令之森严,顾弗之惧哉!

我因而取之可也。

太宗时,女真困于契丹之三栅,控告乞援,亦和好甚矣。不谓竟酿患滋祸一至于今日也。

忍弃上皇之子于异地乎?

(无)

遂其报复之心，肆其凌侮之意。

故相家皆携老襁幼，弃其籍而去，禁掠之余，远近胆落，不暇寒心。

鲁迅说："即此数条，已可见'贼''虏''犬羊'是讳的；说金人的淫掠是讳的；'夷狄'当然要讳，但也不许看见'中国'两个字，因为这是和'夷狄'对立的字眼，很容易引起种族思想来的。但是这《嵩山文集》的钞者不自改，读者不自改，尚存旧文，使我们至今能够看见晁氏的真面目。"（《鲁迅全集》：《且介亭杂文——病后杂谈之余》。）

综观以上三节，都是满清政府用来消灭汉人的民族意识，使对于历史文化，不致发观生感；也使后世对于满洲的秽德，无从知道。其藏身之固，防汉之术，可谓周密！哪里知道一到晚清，他们的阴谋完全暴露，我们民族意识的潜力也重新发芽了。

第四节　帝国主义的猖狂

外患纷呈

清代的内政既极腐败,以至外患纷呈,国权日蹙。中间以鸦片战争《南京条约》的订立,为划定外交新局面的界线。前乎此者是自尊自大,看不起外国人;后乎此者是一味屈辱,造成无数国耻。每当割土地、丧权利的时候,满洲政府所持唯一的政策是"宁与仇人,不与家奴"。其侮辱我们全体汉族为"家奴",丧心病狂,一至于此!现在先把鸦片战争以后外患的年代,列一简表如下:

一八四二年(清道光二十二年)鸦片战争结局,与英议和,订《南京条约》,割香港,许五口通商,是为中国对外第一次之失败。

一八五七年(咸丰七年)英法同盟军陷广州。翌年至天津,陷大沽炮台。一八六〇年再至天津,陷通州,入北京,毁圆明园,奕詝帝避难热河,为外兵侵入国都之第一次。

一八七九年(光绪五年)日本灭琉球。

一八八〇年曾纪泽出使俄国,议改收还《伊犁条约》。

一八八二年与俄定《喀什噶尔东北界约》。

一八八四年中法战起,翌年议和,失安南。

一八八六年与英订缅甸条约,失缅甸。

一八九三年英法共谋暹罗,废止入贡。

一八九四年中日战起,翌年马关议和,割台湾、澎湖列岛,失朝鲜。

一八九七年德占胶州湾。

一八九八年俄借旅顺、大连,英租威海卫。

一八九九年法占广州湾。

一九〇〇年八国(英、俄、日、法、德、奥、美、意)联军入北京,载湉帝避难西安。翌年订《辛丑和约》。

一九〇三年日俄战起,以我东三省为战场。一九〇五年与日订《满洲协约》。

一九一〇年（宣统二年）外蒙库伦携贰。日本并灭朝鲜。

一九一一年英兵侵据片马。

综观由鸦片战争到辛亥革命，中国的国际关系可以分成三个时期：（一）自鸦片战争到中日战争，而《天津条约》又是其中的一个关键。（二）自中日战争到八国联军，而《马关条约》实为改变中日过去平等关系为不平等关系的枢纽。（三）《辛丑和约》以后。在（一）时期，帝国主义者在中国作平行的竞争；在（二）时期，他们由平行转入对峙，英日同盟与俄法同盟就是国际对峙的产物。在（三）时期，八国联军之后，国际对峙的形势，更盘旋于门户开放与共同瓜分的两种政策之间。门户开放政策，首倡者为美国，而英国和之。然而日本不甘心辽东半岛的退让，而帝俄在东北亦继续其独占的企图。于是有一九〇三年日俄在中国领土之内的东三省鏖战，以划分其势力范围的国耻。而日本亦从此遂树立了它的大陆政策的初基，以为今日为祸于亚洲和世界的起点。

国权日蹙

国权日蹙的要目，如割地，如租界，如势力范围、租借地，如使馆界，如领事裁判权，如外国军队驻扎权、军舰行驶停泊权，如海关税务管理权、关税协定权，如沿海贸易权、内河航行权，如铁路建筑权，如矿山开采权，如设厂制造权，等等，其影响所及，使我国家民族在政治、经济各方面，无不颓风外暴，危机内伏，国将不国，民亦非民，几将毁灭我再生的基础，杜绝我复兴的根源，实为历史先例之所无。

章先生尝谓列强帝国主义的凶暴，甚于满清政府。二者均应攘除，然不能不先其所急，而以推翻满清为首要。有云："哀我汉民，宜台宜隶，鞭箠之不免而欲参与政权，小丑之不制而期捍御皙族，不其忸乎？"（《文录》卷二——《中夏亡国二百四十二年纪念会书》）

第五节　固有学术的消沉

清代学术的畸形发达

清代学术，惟有小学昌明，余多不振，绪言中已发其端。这种学术上的畸形发达，就因为在异族统制之下，顾忌太多的缘故。鲁迅说："说起清代的学术来，有几位学者总是眉飞色舞，说那发达是为前代所未有的。证据也真够十足：解经的大作层出不穷，小学也非常的进步；史论家虽然绝迹了，考史家却不少；尤其是考据之学，给我们明白了宋、明人绝没有看懂的古书。……我每遇到学者谈起清代的学术时，总不免同时想：'扬州十日''嘉定三屠'，这些小事情，不提也好罢；但失去全国的土地，大家十足做了二百五十年的奴隶，却换得这几页光荣的学术史……"（《花边文学·算账》）言之极为沉痛。有人以为满清一代，国学渊微，发明已备，后生只要追踪前修，无须更事高深。此乃浅见之言，其实缺陷正多着呢！考史者虽则留心于地理、官制，而其他如姓氏、刑法、食货、乐律之学，却无一不见衰微。章先生有云：

> 姓氏之学，自《元和姓纂》以降，郑樵亦粗明其统绪；至郑氏《辩证》，渐确凿矣。元、明以降，转变增损，又益繁多，未见近代有治此者也（《元史·民族志》别是一种）。刑法之学，旧籍惟《唐律》为完，汉、晋、南北朝之事，散在史传，如补兵以减死，督责以代杖，又皆律外方便之门，皆当校其异同，评其利病，又未见近代有治此者也。食货之学，非独关于租赋，而权度之大小，钱币之少多，垦田之盈诎，金银粟米之贵贱，皆与民生日用相系；此不可不论列者，又未见近代有治此者也。乐律之学，略有端倪，陈氏《通义》，发明荀勖之学，可谓精且博矣。然清康熙朝所审定者，丝声倍半相应，竹声倍半不相应，相应者乃八与一，九与四。其言人气折旋，必有度数，皆由证验所明，更谓丝器不可以名律吕，亦可谓得理者。而陈君犹取倍半相应之说，两者孰是？必听音而后知之，

非衍算所能尽理，又未有商略是非者也。斯四术者，所包闳远，三百年中，何其衰微也！此皆实事求是之学，不能以空言淆乱者，既尚考证，而置此弗道乎？（《自述学术次第》）

先生学术的精深独到

先生更进言清代的小学与玄理，并且自述其独到之处，与下文第十三节所引可以互参。其言云：

> 近世小学，似若甚精，然推其本则未究语言之原，明其用又未综方言之要。其余若此类者，盖亦多矣。若夫周、秦九流，则眇尽事理之言，而中国所以守四千年之胙者也。玄理深微，或似佛法，先正以邹鲁为衡，其弃置不道，抑无足怪。乃如庄周天运，终举巫咸，此即明宗教惑人所自始。惠施去尊之义，与名家所守相反。子华子迫生不若死之说，又可谓管乎人情矣。此皆人事之纪，政教所关，亦未有一时垂意者。汪容甫略推墨学，晚有陈兰甫始略次诸子异言，而粗末亦已甚。此皆学术缺陷之大端，顽鄙所以发愤。古文经说，得孙仲容出，多所推明。余所撰著，若《文始》《新方言》《齐物论释》，及《国故论衡》中《明见》《原名》《辨性》诸篇，皆积年讨论，以补前人所未举。……（同上）

综观以上所述，满清政府的罪恶、帝国主义的猖狂既如彼，民族主义的沦没、固有学术的消沉又如此，在这暗无天日的中间，忽然现出了光明的救星，这便是章先生所负的使命。换句话说，便是救中国——光复中华，振兴学术——的事业。其所完成的，不但和曾国藩这一派的洋务，康有为这一派的变法截然不同，就是和梁启超的运动，有志革命而仍徘徊于君主立宪的也根本有别：这是先生伟大的所在。

第二章　革命元勋的章先生

第六节　幼年期的民族思想

幼年的民族思想和外祖的启发

古来伟大的天才，其萌芽每见于幼年时期，但亦须有启发导引之人，知所爱护，不使它中途摧折，才能欣欣向荣，开灿烂无比的花，结硕大无朋的果。所谓"小时了了，大未必佳"者，大概由于环境或教育违背了自然，不能遂其发展的缘故。章先生从小聪慧，读书多悟，内心所含的民族主义的种子发芽最早，愤满洲统治之虐，明《春秋》夷夏之防，而又有外祖朱有虔及时启导。在先生十一二岁的时候，外祖就把蒋氏《东华录》中曾静案，讲给他听，并且说夷夏之防不可不严。

先生便问："以前的人有谈过这种话没有？"

朱答："王船山、顾亭林已经谈过，尤其是王氏的话，真够透彻，说道'历代亡国，无足轻重；只有南宋之亡，则衣冠文物亦与之俱亡了'。"

先生说："明亡于清，反不如亡于李闯。"

朱答："现在不必作此说。如果李闯得了明的天下，闯虽不是好人，他的子孙却未必都是不好的人，但现在不必作此说。"

（参阅朱希祖所记《本师章太炎先生口授少年事迹》）

章先生的民族主义伏根之早如此！年十三四，就能够读《东华录》，年二十就读全祖望文，于郑成功事，愤然欲与满清拼命。

民族思想的发达和运用

可是返观当时一般的情形，大不相同。凡是反对革命最烈的人，都是反对民族主义的，如康有为（《章先生痛驳康氏》见第七节）、如杨度便是。杨度曾做了一篇《金铁主义说》，反对民族主义，其大意略说：中国云者，以中外别地域之远近也；中华云者，以华夷别文化之高下也。即此以言，则中华之名词，不仅非一地域之国名，亦且非一血统之种名，乃为一文化之族名。故《春秋》之义，无论同姓之鲁、卫，异姓之齐、宋，非种之楚、越，中国可以退为夷狄，夷狄可以进为中国，专以礼教为标准，而无有亲疏之别。其后经数千年混杂数千百人种，而其称中华如故。先生本其卓识，发为鸿文，痛斥杨氏之有三惑，最足以看出先生民族思想的发达和运用。其言曰：

> 为是说者，盖有三惑：一曰未明于托名标识之事，而强以字义反傅为言。夫华本华山，居近华山而因有华之称。后代华称既广，忘其语原，望文生训，以为华美，以为文明，虽无不可，然非其第一义，亦犹夏之训大，皆后起之说耳。……今夫蛮夷戎狄，固中国所以表别殊方者也。其始画种为言，语不相滥，久之而旃裘引弓之国，皆得被以斯名。胡本东胡，久之而称匈奴者亦谓之胡，久之而称西域者亦谓之胡。番本吐蕃，久之而称回部者曰西番，久之而称台湾之野人者亦曰生番。名既滥矣，而不得谓同称者即为同国同族。况华之名，犹未同也。特以同有文化，遂可混成为一，何其奢阔而远于事情耶？二曰援引《春秋》以诬史义。是说所因，起于刘逢禄辈，世仕满洲，有拥戴虏酋之志，而张大《公羊》以陈符命，尚非《公羊》之旧说也。按中国自汉以上，视蛮、闽、貉、狄诸族，不比于人，故夷狄无称人之例。《春秋》尝书邢人，狄人伐卫，齐人、狄人盟于邢，《公羊》不言其义。夫引异类以剪同族，盖《春秋》所深诛。狄不可人而邢人、齐人人之，则是邢人、齐人自侪于狄也。非进狄人，实以黜邢

人、齐人。《老子》有言，正言若反。观于《春秋》书狄为人，其言有隐，其声有哀，所谓志而晦哉！……夫弃亲暱而媚诸夷，又从而则效之，则宜为人心所深嫉。今人恶范文程、洪承畴、李光地、曾国藩辈，或更甚于满洲，虽《春秋》亦岂有异是？若专以礼教为标准者，人之无道，至乎弑父烝母而极矣。何《春秋》之书此者，亦未尝贱之如狄也。……夫子本楚之良家，而云楚为非种，以忧劳主父，效忠穷庐故，遂不惮污辱其乡人，虑大义灭亲之泰过也。盖《春秋》有贬诸夏以同夷狄者，未有进夷狄以同诸夏者。杞用夷礼，则示贬爵之文。若如斯义，满洲岂有可进之律？正使首冠翎顶、爵号巴图鲁者，当退黜与夷狄等耳。三曰弃表谱实录之书，而以意为衡量，如彼谓混淆殊族至千百种，历久而称中华如故是也。夫言一种族者，虽非铢两衡校于血统之间，而必以多数之同一血统者为主体。何者？文化相同，自同一血统而起，于此复有殊族之民，受我抚治，乃得转移而龛受之。若两血统立于对峙之地者，虽欲同化莫由。……或曰：若如是，则满洲人亦居少数而已，稍稍同化于我矣，奚不可与同中国？为答曰：所以容异族之同化者，以其主权在我，而足以龛受彼也。满洲之同化，非以受我抚治而得之，乃以陵轹颠覆我而得之。二者之不可相比，犹婚媾与寇之例。以婚媾之道，而归女于吾族，彼女则固与吾族同化矣；以寇之道，而据我寝宫，入我床笫，亦未尝不可与我同化，然其为怨为亲，断可识也。吾向者固云所为排满洲者，亦曰覆我国家、攘我主权之故。若其克敌致果，而满洲之汗，大去宛平，以适黄龙之府，则固当与日本、暹罗同视，种人顺化，归斯受之而已矣。然主权未复，即不得举是为例。……（《文录·别录》卷一——《中华民国解》）

此外，如《检论》中之《序种姓》上、下二篇，如《清建国别记》，都是辨章族类的名著。

第七节　会见国父痛驳康有为时期

英杰定交，同谋匡济

　　章先生提倡民族主义，著书立说，渐次为世所重。戊戌政变，长江一带通缉多人，先生的名字亦在其内。乃避地台湾，以为彼地有郑成功的遗风，割隶日本未久，当有可图，然终于没有所就。翌年己亥，游日本，始在梁启超坐中，遇见国父，尚未相知。迨至庚子年，唐才常事败，先生虽非同谋，亦被通缉。翌年掌教苏州东吴大学，并木刻《訄书》行世，为巡抚恩铭所诇知，欲兴大狱，乃于壬寅春，再避日本。其时，国父方在横滨，英豪会见，握手定交，这是中国革命史上所应大书特书的事。

　　　　……余亦素悉逸仙事，偕力山（案：即秦遁）就之。逸仙导余入中和堂，奏军乐，延义从百余人会饮，酬酢极欢，自是始定交。(《章大炎先生自定年谱》)

　　从此互相往来，革命之机渐熟。中和堂这一会，兴中会的同志，畅叙欢宴，每人都敬先生酒一杯，先生共饮七十余杯而不觉其醉。国父对于先生雅相推重，凡开国的典章制度，多与先生商榷。先生亦佩服国父的善于经画，《检论》中有《相宅》《定版籍》诸文，可以窥见一斑。《相宅》系述国父之言，此后建都，谋本部则武昌，谋藩服则西安，谋大洲则伊犁。《定版籍》一文，则系共同讨论土地赋税问题。要之，国父和先生二人，志同道合，千载一会，张良之赞汉高，刘基之佐明祖，犹未足以喻其得意，真有"翼乎如鸿毛遇顺风，沛乎若巨鱼纵大壑"之概。

痛驳康有为的莠言

然而"道高一尺,魔高一丈",其时莠言日众。上面已经说过,凡是反对革命最烈的人,都是反对民族主义的,康有为便是一个代表。他的《与南北美洲诸华商书》,公然说清帝圣明,并且说中国只可立宪,不能革命。先生作书痛斥,就其论点,在种族异同上,在情伪得失上,层层驳诘,使他体无完肤,莫可开口。文词条畅,洋洋万言。兹引一段如下:

> 若夫今之汉人,判涣无群,人自为私,独甚于汉、唐、宋、明之季,是则然矣,抑谁致之而谁迫之耶?吾以为今人虽不尽以逐满为职志,或有其志而不敢讼言于畤人,然其轻视鞑靼以为异种贱族者,此其种性根于二百年之遗传,是固至今未去者也。往者陈名夏、钱谦益辈,以北面降虏,贵至阁部,而未尝建白一言,有所补助,如魏徵之于太宗、范质之于艺祖者。彼固曰异种贱族,非吾中夏神明之胄,所为立于其朝者,特曰冠貂蝉、袭青紫而已。其存听之,其亡听之,若曰为之驰驱效用,而有所补助于其一姓之永存者,非吾之志也。理学诸儒如熊赐履、魏象枢、陆陇其、朱轼辈,时有献替,而其所因革,未有关于至计者。虽曾、胡、左、李之所为,亦曰建殊勋、博高爵耳。功成而后,于其政治之盛衰,宗稷之安危,未尝有所筹画焉。是并拥护一姓而亦非其志也。其他朝士,入则弹劾权贵,出则搏击豪强,为难能可贵矣。次即束身自好,优游卒岁,以自处于朝隐。而下之贪墨无艺、怯懦忘耻者所在皆是。三者虽殊科,要其大者不知会计之盈绌,小者不知断狱之多寡,苟得廉禄以全吾室家妻子,是其普通之术矣。无他,本陈名夏、钱谦益之心以为心者,固二百年而不变也。明之末世,五遭倾覆,一命之士,文学之儒,无不建义旗以抗仇敌者;下至贩夫乞子、儿童走卒,执志不屈,而仰药割刃以死者,不可胜计也。今者北京之破,民则愿为外国之顺民,官则愿为外国之总办,食其俸禄,资其保护;尽顺天城之中,无不牵羊把茅,甘为贰臣者。若其不事异姓,躬自引决,缙绅之士殆无一人焉。无他,亦曰异种贱族,非吾中夏神明之胄,所为立于其朝者,特曰冠貂蝉、袭青紫而已。其为满洲之主则听之,其为欧美之主则听之,本陈名夏、钱谦益之心以为心者,亦二百年而

不变也。然则满洲弗逐,而欲士之争自濯磨,民之敌忾效死,以期至乎独立不羁之域,此必不可得之数也。浸微浸衰,亦终为欧美之奴隶而已矣。非种不锄,良种不滋;败群不除,善群不殖。自非躬执大彗,以扫除其故家污俗,而望禹域之自完也,岂可得乎?(以上录旧著《正仇满论》)夫以种族异同,明白如此,情伪得失?彰较如彼,而长素犹偷言立宪,而力排革命者,宁智不足,识不逮耶?……(《文录》卷二——《驳康有为论革命书》)

此文一出,真是朝阳鸣凤,连那些老师宿儒读了,也有深表钦佩的。而且康党的大言眩惑,更自白于天下。所以它的影响是异常重大的,先生后来之所以入狱,此文也是一个重要因素。

第八节　光复会时期

反对勤王剪除辫发

庚子年夏，唐才常乘义和团之变，召集人士，宣言独立，然尚以勤王为名，部署徒众，欲在汉口起兵。章先生对才常说："我们要谋光复，应该明揭推翻满清，不宜'首鼠两端'，自失名义。倘要勤王，我不敢赞同。"因即断发以示决绝。改定本《訄书》的末篇为《解辫发》，有云：

> ……共和二千七百四十一年，秋七月，余年三十三矣。是时满洲政府不道，戕虐朝士，横挑强邻，戮使略贾，四维交攻。愤东胡之无状，汉族之不得职，陨涕涔涔曰：余年已立，而犹被戎狄之服，不违咫尺，弗能剪除，余之罪也。"将荐绅束发，以复近古。日既不给，衣又不可得。于是曰："昔祁班孙、释隐玄，皆以明氏遗老，断发以殁。"《春秋谷梁传》曰："吴祝发。"《汉书·严助传》曰："越翦发。"（晋灼曰："翦，张揖以为古剪字也。"）余故吴越间民，去之亦犹行古之道也。……

因为剪辫变夷，所关非浅，所以必须考据凿凿，全文在手订《检论》时已经删去了。先生剪辫以后，短发分梳，垂于额际，常着长袍，而外面裹以和服，偶然亦着西装，所谓"方袷直下，犹近古之端衣"。

纪念中夏亡国

壬寅年春，先生和秦遁等十人在东京发起"中夏亡国二百四十二年纪念会"，以励光复，并且撰书告留学生，极为沉痛。书中有云：

> ……昔希腊陨宗，卒用光复；波兰分裂，民会未弛。以吾支那方幅之广，生齿之繁，文教之盛，曾不逮是偏国寡民乎？是用昭告于穆，类聚同

气，雪涕来会，以志亡国。凡百君子，同兹恫瘝。愿吾滇人无忘李定国，愿吾闽人无忘郑成功，愿吾越人无志张煌言，愿吾桂人无忘瞿式耜，愿吾楚人无忘何腾蛟，愿吾辽人无忘李成梁。……(《文录》卷二)

这是东京留学界组织爱国团体的权舆。临时，会未开成，因为清使馆假借外力，横来制止，但是大义所被，已经深入人心了。

光复会和陶成章

癸卯年春，留东学生因争俄约，组织义勇队，旋即为清政府所忌，乃自动解散，秘密为"军国民教育会"，与上海主光复者相应和。于是成立"光复会"，宗旨在颠覆满清政府，建立共和国家。先生著《光复军志序》，首述缘起，有云：

> 余年十三四，始读蒋氏《东华录》，见吕留良、曾静事，怅然不怡，辄言"以清代明，宁与张、李也"。弱冠睹全祖望文，所述南田、台湾诸事甚详，益奋然，欲为浙父老雪耻，次又得王夫之《黄书》，志行益定。而光复初立，实余与蔡元培为之尸，陶成章、李燮和继之。总之，不离吕、全、王、曾之旧域也。……(《检论》九卷《大过》附录)

光复会会员如徐锡麟、熊成基等的革命事迹，多见于先生文著中。惟陶成章功大而名最隐，先生之所以未为撰传，所谓犹有忧患者。成章会稽人，为光复会副会长。生平蓬头垢面，芒鞋日行八九十里，运动浙东诸县豪俊起义，屡遭危难，而所向有功。又游南洋群岛，运动侨民。辛亥年自爪哇归时，浙江已反正，举汤寿潜为都督，成章被任为参议，郁郁不得志，自设光复军总司令部于上海，募兵，为忌者所暗杀。其著作有《汉族权力消长史》行世。

第九节 入狱时期

公开讲演革命

自癸卯年春，蔡元培先生设爱国学社，以安顿南洋公学的退学生，中国教育会予以赞助，蔡请章先生讲论，多述明、清废兴之事。教育会会员每周至张园公开讲演革命，讲稿辄在《苏报》发表，以先生排满革命之论为最激烈，遂为清政府所注意，后来成为《苏报》案。其时邹容著《革命军》，自署曰"革命军马前卒"，求先生替它润色，先生喜其文辞浅露，便于感动平民，且给它作序。宗仰出资刊行，又将先生的《驳康有为论革命书》同时刊出，不及一月，数千册销行立尽。

"我不入地狱，谁入地狱"

于是清政府下了密谕，拿办上海爱国党。上海道商之于总领事，总领事已经签字，但工部局以政治犯例应保护，不肯执行。被拿者六人：章炳麟、蔡元培、邹容、宗仰、吴敬恒、陈梦坡。工部局屡传蔡、吴前去，告以尽力保护之意，实即暗示被拿诸人从速离开上海罢了。不久，两江总督魏光焘派道员俞明震来沪查办，于是蔡赴青岛，吴赴欧洲，陈赴日本，宗仰避居哈同花园。独有章先生不肯去，并且教邹容也不可去，说道："革命没有不流血的。我被清政府查拿，现在已经第七次了。"清政府严谕魏光焘，有"上海爱国党倡言革命，该督形同聋聩"之语，魏惶恐，因工部局不肯拘人，乃问计于律师，律师以为只有诉诸法律。于是魏光焘代表清政府为原告，控诉章炳麟等六人于会审公廨。工部局于是年闰五月初六日，出票拘人。西捕至爱国学社，进客室，问谁是章炳麟。先生正在客室，自指鼻端答道："章炳麟就是我。"欣然跟了同去，真有"我不入地狱，谁入地狱"的节概。如此勇猛无畏，挺然独往，以为生民请命，才真是革命道德的实践者。宜乎后进慕其典型，追其踵武，而革命终以成功。邹容从后门逃出。先生从狱中作书，动以大义，使他自行投到，翌日，邹容果然自首了。

所谓"罪状"和清政府对质于公堂

此案原告是清政府，律师是英国人，被告是章炳麟等六人，到者二人。裁判官则为会审委员及英国领事，不伦不类，极为可笑。所控"罪状"，乃是摘取《苏报》中的论说，以及《革命军》《驳康有为论革命书》中的语句，尤以驳康书中有"载湉小丑，未辨菽麦"两句，视为大逆不道。这正因为带了封建余孽的眼镜，以为呼名不讳，便是大罪。其实翻成白话，就变了平淡无奇。小丑就是小东西，未辨菽麦就是没有常识的意思。况且说载湉未辨菽麦，也是切合实情，并非过甚其辞。要晓得他的祖宗弘历，虽说是个能干的君主，却也是个未辨菽麦的人。他南巡时，不是看到田里种着的稻秧，便问这是甚么草吗？弘历对于民间事业尚且隔膜如此，载湉从小生长在深宫，自然更不消说了。裁判官问章先生有功名否，先生答道："我双脚落地，便不承认满珠，还说甚么功名呢！"接着指出清政府的种种罪状，滔滔不绝。这就是震动全国的《苏报》案。从此革命党声气大盛，和清政府对质于公堂，俨然成敌国之势了。

狱中苦工·邹容之死及出狱东渡

这样审问二次，即行搁置，因为清政府用种种诡计，先以外交手段在京和英国公使交涉，要求引渡二人，而不见许；继又愿以沪宁路权交换，亦不见许。二人初拘在工部局，禁令尚宽，每周可容亲友前去探视一次，到了翌年三月，此案始判决：章炳麟监禁三年，邹容监禁二年，均罚做苦工，监禁期满，"逐出租界"。自移禁西牢之后，即不许接见亲友。狱中所做之工，则为裁缝，缝做那些巡捕的制服之类。狱卒——印度巡捕——狐假虎威，凌暴无状，见先生目力近视，工作偶不敏捷，辄持棍殴击。先生自知无生理，绝食七日而不死。有时亦以拳抵抗凶暴，屡遭蹴跌，或竟用软楷挛其手指，有好几次几乎死去。邹容年少性急，不胜压迫，未及满期，即病死于狱中。唯独先生素有涵养，苦役之余，朝夕必研诵《瑜伽师地论》，悟到大乘法义，才能够克服这种苦难。到了丙午年五月初八，即阳历六月二十九日，期满出狱，国父已派孙毓筠在沪迎接。是日晨，同志们集合在工部局门前守候，因为从西牢解放以后，还须经工部局执行"逐出租界"的手续。到了十一时，先生才出，自由恢复，日月重光，同志们鼓掌欢迎，一一与之握手，即晚登日本邮船，东渡至东京。

狱中自记与诗

先生有《癸卯狱中日记》云：

> 上天以国粹付余。自炳麟之初生，迄于今兹，三十有六岁，凤鸟不至，河不出图。惟余以不任宅其位，綮素王、素臣之迹是践，岂直抱残守阙而已，又将官其财物，恢明而光大之。怀未得遂，累于仇国，惟金火相革欤，则犹有继述者。至于支那闳硕壮美之学，而遂斩其统绪，国故民纪，绝于余手，是则余之罪也！（《文录》卷一）

自知必死，毫无恐怖，惟斯文将丧是悲，其自任以天下之重如此！

狱中有诗，称心而言，不加修饰。《浙江潮》杂志曾登四首，兹录如下：

狱中赠邹容　闰月二十八日

邹容吾小弟，被发下瀛洲。
快剪刀除辫，干牛肉作糇。

英雄一入狱,天地亦悲秋。
临命须掺手,乾坤只两头。

狱中闻沈禹见杀　六月十二日

不见沈生久,江湖知隐沦。
萧萧悲壮士,今在易京门。
螭魅羞争焰,文章总断魂。
中阴当待我,南北几新坟?

狱中闻湘人杨度被捕有感二首　六月十八日

神狐善埋掃,高鸟喜回翔。
保种平生愿,征科绝命方。
马肝原识味,牛鼎未忘香。
千载《湘军志》,浮名是锁缰。

衡岳无人地,吾师洪大全。
中兴渺诸将,永夜遂沉眠。
长策惟干禄,微言是借权。
藉君好颈子,来者一停鞭。

第十节　编辑《民报》时期

欢迎会上发狮子吼

章先生既抵东京,发长过肩,肌体颇腴,闻系狱中食物无盐之故。阳历七月十五日留东学生在神田区锦辉馆楼上开会欢迎,到者七千余人,座无隙地,至屋檐上皆满,为的来看革命伟人、中国救星。先生即席演说,发狮子吼。其大意:首先述自己平生的历史,次以涵养、感情两事勉励大众,庄谐间出,听众耸然。这是寿裳亲接音容、幸蒙受记之始。现将此演说摘录数段于下:

> 兄弟少小的时候,因读蒋氏《东华录》,其中有戴名世、曾静、查嗣庭等人的案件,便就胸中发愤,觉得异种乱华是我们心里第一恨事。后来读郑所南、王船山两先生的书,全是那些保卫汉种的话,民族思想,渐渐发达。但两先生的话,却没有甚么学理。自从甲午以后,略看东西各国的书籍,才有学理收拾进来。当时对着朋友,说这逐满独立的话,总是摇头,也有说是疯癫的,也有说是叛逆的,也有说是自取杀身之祸的。但兄弟是凭他说个疯癫,我还守我疯癫的念头。……大凡非常可怪的议论,不是神经病人,断不能想,就能想也不敢说,说了以后,遇着艰难困苦的时候,不是神经病人,断不能百折不回,孤行己意。所以古来有大学问、成大事业的,必得有神经病才能做到。……近来有人传说:某某是有神经病,某某也是有神经病,兄弟看来,不怕有神经病,只怕富贵利禄当面现前的时候,那神经病立刻好了,这才是要不得呢!略高一点的人,富贵利禄的补剂,虽不能治他的神经病,那艰难困苦的毒剂,还是可以治得的。这总是脚跟不稳,不能成就甚么气候。兄弟尝这毒剂是最多的,算来自戊戌年以后,已有七次查拿,六次都拿不到,到第七次方才拿到。以前三次,或因别事株连,或是捕拿新党,不专为我一人。后来四次,却都为逐满独立的事。但兄弟在这艰难困苦的盘涡里头,并没有一丝一毫的懊悔,凭你甚么毒剂,这神经病总治不好。或者诸君推重,也未必不由于此。若有人说,假如人人有神经病,办事必定瞀乱,怎得有个条理?但兄弟所说

第十节 编辑《民报》时期

的神经病,并不是粗豪卤莽,乱打乱跳,要把那细针密缕的思想,装载在神经病里。譬如思想是个货物,神经病是个汽船,没有思想,空空洞洞的神经病必无实济,没有神经病,这思想可能自动的么?以上所说,是略讲兄弟平生的历史。

至于近日办事的方法,一切政治、法律、战术等项,这都是诸君已经研究的,不必提起。依兄弟看:第一要在感情。没有感情,凭你有百千万亿的拿破仑、华盛顿,总是人各一心,不能团结。当初柏拉图说:"人的感情,原是一种醉病。"这仍是归于神经病了。要成就这感情,有两件事最是紧要的:第一是用宗教发起信心,增进国民的道德。第二是用国粹激动种性,增进爱国的热肠。

先说宗教,……孔教、基督教既然必不可用,究竟用何教呢?我们中国本称为佛教国,佛教的理论,使上智人不能不信,佛教的戒律,使下愚人不能不信,通彻上下,这是最可用的。但今日通行的佛教,也有许多的杂质,与他本教不同,必须设法改良,才可用得。……我们今日要用华严、法相二宗改良旧法。这华严宗所说,要在普度众生,头、目、脑髓都可施舍与人,在道德上最为有益。这法相宗所说,就是万法唯心,一切有形的色相,无形的法尘,总是幻见、幻想,并非实在真有。……有的说佛教看一切众生,皆是平等,就不应生民族思想,也不应说逐满复汉,殊不晓得佛教最重平等,所以妨碍平等的东西必要除去。满洲政府待我汉人种种不平,岂不应该攘逐?且如婆罗门教分出四姓阶级,在佛教中最所痛恨。如今清人待我汉人,比那刹帝利种虐待首陀更要利害十倍。照佛教说,逐满复汉,正是分内的事。又且佛教最恨君权。大乘戒律都说"国王暴虐,菩萨有权,应当废黜"。又说:"杀了一人,能救众人,这就是菩萨行。"其余经论,王、贼两项都是并举。所以佛是王子,出家为僧,他看做王就与做贼一样,这更与恢复民权的话相合。所以提倡佛教,为社会道德上起见,固是最要;为我们革命军的道德上起见,亦是最要。总望诸君同发大愿,勇猛无畏,我们所最热心的事,就可以干得起来了。

次说国粹。为甚提倡国粹?不是要人尊信孔教,只是要人爱惜我们汉种的历史。这个历史是就广义说的,其中可以分为三项:一是语言文字,二是典章制度,三是人物事迹。

……

第三要说人物事迹。中国人物,那建功立业的,各有功罪,自不必说。但那俊伟刚严的气魄,我们不可不追步后尘。与其学欧、美,总是不能像的,何如学步中国旧人,还是本来面目。其中最可崇拜的有两个人:一是晋末受禅的刘裕,一是南宋伐金的岳飞,都是用南方兵士打胜胡人,可使我们壮气。至于学问上的人物,这就多了,中国科学不兴,唯有哲学,就不能甘居人下。但是程、朱、陆、王的哲学,却也无甚关系,最有学问的人就是周、秦诸子,……近代还有一人,这便是徽州休宁县人,姓戴名震,称为东原先生。他虽专论儒教,却是不服宋儒,常说:"法律杀人,还是可救;理学杀人,便无可救。"因为这位东原先生,生在满洲雍正之末,那满洲雍正所作朱批上谕,责备臣下,并不用法律上的说话,总说:"你的天良何在?你自己问心可以无愧的么?"只这几句宋儒理学的话,就可以任意杀人。世人总说雍正待人最为酷虐,却不晓是理学助成的。因此,那个东原先生,痛哭流涕,做了一本小小册子。他的书上并没有明骂满洲,但看见他这本书,没有不深恨满洲。这一件事,恐怕诸君不甚明了,特为提出。照前所说,若要增进爱国的热肠,一切功业学问上的人物,须选择几个出来,时常放在心里,这是最紧要的。就是没有相干的人,古事、古迹都可以动人爱国的心思。当初顾亭林要排斥满洲,却无兵力,就到各处去访那古碑、古碣传示后人,也是此意。……

这篇演说,洋洋洒洒,长六千言,是最警辟有价值的救国文字,全文曾登《民报》第六号,而《太炎文录》中未见收入,故特地多抄一些如上。

《民报》撰文风行海内外

章先生抵东后,即入同盟会,任《民报》(同盟会的机关报)编辑。其中胡汉民、汪兆铭等诘难康、梁诸作,文笔非不锋利,然还不免有近于诟谇之处。惟有先生持论平允,读者益为叹服。而又注意于道德节义,和同志们互相切励:松柏后凋于岁寒,鸡鸣不已于风雨,如《革命道德说》《箴新党论》二篇,即系本此意而作。《革命道德说》阐明道德衰亡是亡国灭种的根极。凡优于私德者亦必优于公德,薄于私德者亦必薄于公德，无道德者决不能担当革命。至于德目，则引顾炎武所标举的"知耻""重厚""耿介"三事之外，更加入"必信"一事。因为前三者还是束身自好之谓，而信则周于世用，虽江湖聚劫之徒，亦惟有信，才能得徒众的死力。我们必须实践此四事，则所谓确固坚厉、重然诺、轻死生者于是乎在。《箴新党论》说明新党的竞名死利，其污辱较前世党人为甚，视顾炎武所识的明末俗尚之年、社、乡、宗，则略有异同。其相同者，惟年与乡。宗则今日所轻，而重渐移于姻戚，社则今日所绝，而恩又笃于拜盟。新党之所以自相援助，传之自旧，虽昌言维新，而不废者亦有四事：一曰师生，二曰年谊，三曰姻戚，四曰同乡。这种偏弊，至今日犹未能彻底革除。篇末，且论及当时的学生，以为学生之所为，又是新党的变形而已。其言曰：

> 夫其学术风采，有异昔时，诸所建白，又稍稍切于时用。然其心术所形，举无以异于畴昔。其尊师帅，有异于向者之称门生乎？其应延试，有异于向者之叙年谊乎？其分省界，有异于向者之护同乡乎？以借权为长策，以运动为格言，凡所施为，复与党人无异。特其入官未久，不如昔人之孰识径涂，故不敢冒昧以求一试，迟之数岁，必森然见其头角。且新党虽多诡曲，而品核公卿，裁量执政，犹其所优为者。彼虽恃其客气，外以风节自高，则不得不有所饰伪，今则并其饰伪者而亦不知，惟以阿附群公为事。若夫呵殿出门，登坛自诩，以其爵命夸耀诸生，而祝其取青紫如拾芥者，则新党虽顽顿无耻，犹必噤口不言。然则新党者政府之桀奴，学生者当涂之顺仆。新党犹马，不饱则不行，学生犹狸，不饥则不用。自专权自恣之政府计之，则学生之谨愿小心，其可用自优于新党。学生用而新党废者，非独时势适然，亦其品格愈卑，易于策使之故。……（《文录·别录》卷一）

凡此所言，皆足以使人警惕，因之同志们奉为圭臬，节操弥坚，舍命不渝，敌忾致果，这都是先生的宿学雄文提倡扶持的力量呢！

其他如《排满平议》《定复仇之是非》《代议然否论》《国家论》《五

无论》《四惑论》等，名言谠论，不胜枚举。同门李植称之曰：

> 辨名分，申正义，使天下易其观听，而不惑于保皇、君宪之说。……忧深思远，蒿目而观世变，其立说皆远在二十年前，而流弊隐患之勃发，则在民国建立之后。当时闻其说者，漫不加察，指其无的放矢，而不知先生之虑患深也。（《余杭章先生事略》）

这话是事实。然当时，《民报》已风行海内外，清政府禁之愈严，而销行愈畅，国内有志的学生，无不阴相转输，竞先讽诵，甚至缙绅耆宿，亦复奋兴感慨，而知光复之不可以已。

《民报》周年纪念会，先生有祝词如下：

> 我汉族昆弟所作《民报》，傲载至今，适盈一岁。以皇祖轩辕之灵，洋溢八表，方行无闶。自兹以后，惟不懈益厉，为民斗杓，以起征胡之铙吹，流大汉之天声。白日有灭，星球有尽；种族神灵，远大无极。敢昭告于尔丕显皇祖轩辕，烈祖金天、高阳、高辛，陶唐、有虞，夏、商、周、秦、汉、新、魏、晋，宋、齐、梁、陈，隋、唐、梁、周、宋、明，延平、太平之明王圣帝，相我子孙，宣扬国光，昭彻民听，俾我四百兆昆弟同心戮力，以底虏酋爱新觉罗氏之命，扫除腥膻，建立民国。家给人寿，四裔来享。呜呼！发扬蹈厉之音作而民兴起，我先皇亦永有依归！（《文录》卷二）

第十一节　功成后的做官

归　国

《民报》终于被禁止了。章先生遂专心于讲学与著书。至辛亥年八月十九——阳历十月十日,霹雳一声,大义举于武昌,推黎元洪为鄂军都督,用事者为谭人凤、孙武,都是先生的旧识。嗣闻湖南、江西相继反正,始中止讲业,附轮归国,十月抵上海,盖自去国居夷已经六年了。中华民国元年一月一日,国父就临时大总统职,成立政府,颁行阳历,以江宁为南京。延先生至京,任为枢密顾问。二月,南北和议告成,国父退让,推荐袁世凯,袁遂被选继任,复任先生为高等顾问。袁既就职,同志虑其难制,欲令南来以困之。先生反对。然后来追惩前失,深自引咎,观其《告癸丑以来死义诸君文》,可以知之,有曰:

> 武昌之师,以戈异族;云南之师,以荡帝制;事虽暂济,而皆不可谓有成功,则何也?异族帝制之势,非一人能成之。其支党槃结于京师者不可胜计。京师未拔,正阳之关未摧,虽仆一姓,毙一人,余蘖犹鸟兽屯聚其间。故用力如转山,而收效如毫毛,遽以是为成功者,是夸诞自诬之论也。人情偷息,忱此小康,未暇计后日隐患。某等虽长虑却顾,不敢自逸,无若众论之谨哎何!自南京政府解散,提挈版籍而致诸大酋,终有癸丑之变。祸患绵亘,首尾四岁,以诒诸君子忧,繄岂小人偷息之咎,某等亦与有罪焉。

东三省筹边使

先生出仕,除上述顾问外,实仅二职:一为民国元年任东三省筹边使,二为民国六年任海陆军大元帅府秘书长。然为时皆甚暂。筹边使署设在长春,经费既少,僚属仅十人。公事清简,颇注重于测绘土地。先生曾赴三姓,北抵卜魁,凡所规划,外掣于陈昭常辈,内扼于袁氏之忮忌，未能一一展布；然张布告以求民隐，为黑龙江浙江同乡会呈请褒杨吕留良的后裔以振遐荒，又作熊成基哀辞，以彰先烈而惩凶人。凶人指陈昭常。哀辞末段有云：

> ……今是凶人，贪以败官，又造矫诬以摧义士，其罪视曾扬（即杀秋瑾之张曾扬）且什百。民国改建，而犹晏居东表，专镇一圻，斯实国家之耻。昭告君之神灵："凡今日与奠者，自奠之后，而不能本君革除之志，以锄贪邪，而敢有回旋容阅以为凶人地者，有如松花江！"（《文录》卷二）

其他遗事尚多，如滴道山煤矿事，侨居延吉的韩人求归化事，均见先生《自定年谱》。

民国二年三月，世凯使贼杀宋教仁于上海，先生闻之，即日去官奔赴，躬与执绋。

海陆军大元帅府秘书长

民国六年夏，九省督军皆反。张勋以清废帝溥仪复辟。黎总统避居东交民巷，密令段祺瑞出击张勋，勋败，冯国璋觊觎总统位，追黎解职。七月，国父率海军总长程璧光与先生及前国务总理唐绍仪赴番禺，九月，被选为海陆军大元帅，建军政府。先生被任为大元帅府秘书长，为国父草就职宣言，词严义正，末段有云：

> 文于是时，身在海隅，兵符不属，会海军总长程璧光奉命南来，共商大计。既遣兵轮赴秦皇岛，奉迎黄陂，亦不能致。犹谓人心思顺，必有投袂而起者；迁延旬月，寂然无闻。是用崎岖奔走，躬赴广州，所赖海军守正，南纪扶义，知民权之不可泯没，元首之不可弃遗，奸回篡窃之不可无对抗，国际交涉之不可无代表也，于是申请国会，集于斯地，闻关开议，以文为海陆军大元帅，责以戡定内乱、恢复约法、奉迎元首之事。文忝为首建之人，谬膺澄清之责，敢谓神州之广，无有豪杰先我而起也哉！徒以身为与共和生死相系，黄陂为同建国之人，于义犹一体也。生命伤而手足

折,何痛如之!艰难之际,不敢以谦让自洁,即于六年九月十日就职。冀二三君子,同德协力,共赴大义。文虽衰者,犹当搴裳濡足,为士卒先,与天下共击废总统者!

桂黔川之行

章先生见广州事难就,欲应云南督军唐继尧之招而西行。国父使人来曰:"今人心不固,君旧同志也,不当先去以为人望。"先生曰:"此如弈棋,内困则求外解。孙公在广东,局道相逼,未有两眼,仆去为作眼耳。嫌人失望,以总代表任仆可也。"国父从之。遂与议员五人授继尧副元帅印证者同行。正办理护照,准备起程,北京政府商法国公使,电致安南总督,不许革命政府人员过境,因之广州法领事拒绝护照签字。乃各易姓名,先生则易姓名为张海泉,同行者沿途戏以海泉呼之,先生应如响。及抵安南海防,华侨来招待,得安全通过。抵昆明时,继尧衣上将礼服,率饮飞军郊迎,执礼甚恭。遂馆于八邑会馆,每日下午,赴军署欢宴,谈谐至深夜,时或大醉。居半月余,与继尧同赴贵州毕节——川、滇、黔三省军事指挥总部所在地。启行时,先生命制大纛,上书大元帅府秘书长名义,其大超过继尧的约三分之一。继尧的副官长以告,继尧但笑颔之,即令副官长随先生行,照料一切。凡滇、黔旅行者,皆知非在正站则食宿均感不便,兵站供应均设正站,故大军尤应按站而行。先生则随兴所至,或多行二三十里,或少行一二十里,且常索白兰地酒、大炮台香烟,曰藉以驱除瘴气。

不久,先生自毕节赴巴,有诗《留别唐元帅》云:

旷代论滇士,吾思杨一清。
中垣消薄蚀,东胜托干城。
形势稍殊昔,安危亦异情。
愿君恢霸略,不必讳从横。
兵气连吴会,偏安问汉图。

> 江源初发迹，夏渚昔论都。
> 直北余逋寇，当关岂一夫？
> 许将筹箸事，还报赤松无？
> 　　　　　（《文录续编》卷七）

此诗勉励继尧，希望其能佐国父扶义，为西南诸将的领袖。

第十二节　功成后的被幽囚

在共和党本部

在上述两次出仕之间，便是有名的被袁世凯幽囚之期，首尾四载，自民国二年秋至五年夏。地址三易，初为共和党本部，继为龙泉寺，最后则在东城钱粮胡同。

共和党是武汉革命团体，民社中人在民国二年，反对三党合并的进步党而宣告独立的。推黎元洪为理事长，章先生副之。自南事败坏，袁世凯帝制已渐萌芽，先生在上海时时发表反袁文字，一纸甫传，各报竞载。又念袁氏网罗周布，无所逃死；中国既经光复，不愿再做亡命之客。适共和党人急电催先生入都，因为国民、共和二党惩于旧衅，愿意复合，先生决计北行，虽经友人力阻，而先生则谓："不入虎穴，焉得虎子。"遂于八月冒险入京，宿共和党本部。袁命陆建章派宪兵守门，名为保护，实则禁其出京，而且监视其言论。至冬，国民党被解散，十二月国会亦解散。某日，先生乘马车出赴晚宴，宪兵跃而登车，前后夹卫，初未注意，及宴毕回寓亦然。先生怪而问之，才知是世凯派来保护者。先生大怒，起而持杖逐之。宪兵皆逃。先生喜曰："袁狗被我赶走了。"其实宪兵被逐以后，仅仅换了便服，仍住门房如故。先生既被软禁，每日书"袁贼、袁贼"以泄愤，又喜以花生米佐酒，尤喜油炒花生，吃时必去其蒂曰："杀了'袁皇帝'的头。"以此为乐。某日，建章派秘书长秦某来，请同寓吴宗慈为先容，问其何事，则谓："敝总长奉大总统命，说章先生居此，虑诸君供亿有乏，将有所赠。"宗慈入告，导与相见。秦某入致词毕，探怀出银币五百元置书案。先生当初默无一语，至此忽然起立，持币悉掷秦面，张目叱之曰："袁奴速去！"秦乃狼狈而逃，其时黎副总统居瀛台，颇系念先生起居，召吴宗慈、张伯烈共商所以安慰之策。属转询先生，在京有否愿做的事，并说袁对于先生尚具善意，但不欲其出京及发表任何文字。先生表示愿任"函夏考文苑"

事，袁氏允年拨经费十五万元，先生则开具预算，坚持非七十五万元不可。袁允经费可以酌加，但不必如预算所列，亦不必设机关办事。先生最后表示，经费可略减，但必须设机关，办实事。事终不就。

穷愁抑郁，可以伤生，纵酒痛骂，亦非长局，遂决意作冒险出京之计。党部同人设筵为饯，逆料出京必然被阻，但欲其恣饮狂欢以误车行。至下午五时，先生放杯起立说："时间不早了。"匆匆赴车站，而京奉车早经开出，不得已，移寓扶桑馆，以便明晨由水门上车，派庶务员同往照料。明晨，宗慈得庶务员电话报告："章先生独自赴总统府了。"服蓝布长衫，手持羽扇，以勋章作扇坠，兀坐新华门招待室候电话。不久，梁士诒来招待，方致词，先生曰："我见袁世凯，哪里要见你？"梁只好默然而去。旋又一秘书来说："总统刚才事忙，请稍候。"久久没有消息，先生怒，打毁招待室的器物略尽。直至下午五时许，陆建章始入，鞠躬向先生曰："总统有要公，劳先生久候，深为抱歉！今遣某迎先生入见。"先生熟视一响，随陆出登马车，车出东辕门，先生怪而问曰："见总统，为何不入新华门？"陆佯笑对曰："总统在居仁堂，出东辕门，过后门，进福泽门，车可直达，以免步行。"而先生不知已被骗了。

在龙泉寺

从此禁锢在龙泉寺。龙泉寺偏院屋五间，颇整齐清丽。袁氏谕建章应特别优待，不得加以非礼，但不许其越雷池一步。建章奉命惟谨，先生则焦怒，常以杖扫击器物，并欲焚其屋宇，建章只吩咐守者慎防而已。据建章言："袁曾手示八条，保护太炎先生：（一）饮食起居，用款多少不计。（二）说经讲学文字，不禁传钞；关于时局文字，不得外传，设法销毁。（三）毁物骂人听之，物毁再购。（四）出入人等严禁挑拨之徒。（五）何人与彼最善，而不妨碍政府者，任其来往。（六）早晚必派人巡视，恐出意外。（七）求见者必持许可证。（八）保护全权完全交给你。"建章又告人曰:"太炎先生是今之郑康成。黄巾过郑公乡,尚且避之。我奉极峰命,无论先生性情如何乖僻,必敬护之;否则并黄巾之不如了。"由此可知袁、陆二人,对于先生尚知敬畏。记得移居龙泉寺的翌日,袁克文亲送锦缎被褥,未敢面先生。先生觉窗缝外有人窥探,牵帷一看,乃是袁克文。即入室点香烟,把被褥烧成许多洞穴,累累如贯珠,遥掷户外,曰:"拿去!"三年夏,先生又绝食七八日,神气转清,唯步起作虚眩。其时弟子们环吁床前,请进食,先生始尝梨一片。旧友黄节致书当事,道不平。当事恐先生饿死,复延医师来省,于是得移至东城钱粮胡同。

在钱粮胡同及爱女叕之死

钱粮胡同的屋宇宽敞,政府月致银币五百元,赁屋炊食悉自主之。以巡警充门房,稽察出入,书札必付总厅检视,宾客必由总厅与证,而书贾与日本人出入无阻。当事常派人来窥探意旨,偶道及国体,先生即以他语乱之。尝作魏武帝、宋武帝二颂,及肃政使、巡警总监二箴,以示讽刺。

四年七月,筹安会起,劝进者数百。先生固知袁氏恶贯将满,然不能无感愤,赖以禅观制止。某日,以七尺宣纸篆书"速死"二大字,悬于壁上。至九月,其长女叕忽一夜自经而死,先生大恸。这事传至日本,误谓先生已死,既而上海报纸依以入录。汤夫人(民国二年与先生结婚)急电来问安。先生复曰:"在贼中岂能安?"露章明发,逆料袁氏技穷,无能为害的。爱女开吊之日,先生书挽联于灵像前,曰:"汝能如此,我何以堪?"又撰事略如下:

亡女叕,字蕴来,性端简。生十岁丧母。余适以事遭胡清逮捕,故叕从其伯父受学,三年。余违难抵日本东京,始通书存问。又四年,叕东行,余教之诗,不深好也。适嘉兴龚宝铨,年十七矣。宝铨素与会稽陶成章善,亦数离患东走,从余学,故成章为致辞。既婚,未得归国,濡滞东京。岁余武昌军兴，余始与宝铨、叕先后归上海，而成章解遘遇祸；宝铨不自聊，夫妇居钱塘西湖，无问世意。民国元年夏，复与宝铨同赴东京治疾，逾年归。叕性狷好洁，平居衣履有小褰垢，必釁蘗刮治之，而恶与乘时取势者往来。然处家委顺，善得尊长欢，与叔妹居，无间言。独时邑邑不乐，常欲趣死。余数遇祸，而宝铨亦时怏郁。民国四年四月，叕如京师省视，言笑未有异也。然燕处辄言死为南面王乐，余与季女珌常慰藉之；宝铨数引与观乐，或游履林圃间，叕终不怡；见树色，益怃然若有亡者。九月七日夕，与宝铨、珌谈笑至乙夜就寝；明旦起视，已自经，足趾未离地，解抚其胸，大气既绝矣。医师数辈皆言不可治，遂卒。呜呼！余以不禄，出入生死几二十年，宝铨亦颠沛者数矣，幸虽有功，未得以觞酒与宾婚故人相劳，而衅咎复时中之。成章之死，与其他故旧困穷失据之状，皆叕所亲睹也。身处其间，若终身负疾疾者，其厌患人世则宜然。叕未死十日，余尝以苛养欲购石药，叕惧有故，辄止仆人毋往，其操心危厉如是，而遽自毁其躬。比敛，面如生，颜色更如欢笑者，此曷为而然者邪！民国四年九月十一日，章炳麟书（《文录续编》卷四）。

十二月，云南护国军起，世凯始恐怖，翌年三月，取消洪宪年号。至六月，世凯呕血，渐不支。先生急欲观南方的实际状况，友人有在海军部者，与日本海军增田大佐、柴田大尉相识，示以易和服出走，从铁路达天津。至期，日本驻津领事密携宪兵迎于车站。既发，未上车，侦者踵至，作无赖口吻说道："你欠了我钱，为甚么逃走？"遂抢取指环及常弄的古玉而去。另外有一伙曳以走，日本军官在内。领事所携宪兵前进，夺军官而去。先生则被曳至巡警总监。时世凯已病，警吏气焰亦衰，但催促他回去罢了。六月六日世凯自毙，十六日撤警，增田、柴田皆来贺。二十五日先生出都，七月一日至上海。

第三章　国学大师的章先生

第十三节　治学与师友

自述治学工夫

绪言中已经说过，章先生学术之大，前无古人，以朴学立根基，以玄学致广大。论其学术次第，有两篇自述最足参考：一在《菿汉微言》中，一为单行本的《自述学术次第》。兹就前者摘录首尾二段如下：

> 余自志学迄今，更事既多，观其会通，时有新意。思想迁变之迹，约略可言：少时治经，谨守朴学，所疏通证明者，在文字、器数之间。虽尝博观诸子，略识微言，亦随顺旧义耳。遭世衰微，不忘经国，寻求政术，历览前史，独于荀卿、韩非所说，谓不可易。自余闳眇之旨，未暇深察。继阅佛藏，涉猎《华严》《法华》《涅槃》诸经，义解渐深，卒未窥其究竟。及囚系上海，三岁不觌，专修慈氏世亲之书。此一术也，以分析名相始，以排遣名相终。从入之涂，与平生朴学相似，易于契机。解此以还，乃达大乘深趣。私谓释迦玄言，出过晚周诸子，不可计数；程、朱以下，尤不足论。
>
> ……
>
> 自揣平生学术，始则转俗成真，终乃回真向俗，世固有见谛转胜者邪？后生可畏，安敢质言。秦、汉以来，依违于彼是之间，局促于一曲之

内,盖未尝睹是也。乃若昔人所诮,专志精微,反致陆沉,穷研训故,遂成无用者,余虽无腆,固足以雪斯耻。

自述如此,不夸不饰,毫无溢美,识者称之。

本师俞樾

清代朴学,始于顾炎武,嗣后硕儒辈出,至乾隆朝,则成学著系统者:一自吴,始于惠栋;一自皖南,始于戴震。震生于休宁,受学于婺源江永,治小学、礼经、算术、舆地,无不深通。其乡里同学有金榜、程瑶田,后有凌廷堪、三胡。三胡者,匡衷、承珙、培翚也,皆善治礼,而瑶田兼通水地、声律、工艺、谷食之学。震又教于京师,任大椿、卢文弨、孔广森皆从问业。弟子最知名者,金坛段玉裁,高邮王念孙。玉裁为《六书音韵表》以解《说文》,而《说文》明。念孙疏《广雅》,以经传诸子转相证明,诸古书文义诘诎者,皆涣然理解。授其子引之为《经传释词》。于是三古辞气,汉儒所不能理者,皆廓尔洞达。要之,王氏父子小学训诂的深通,不但是超轶唐、宋,简直是凌驾汉、魏。

章先生的本师是俞樾。俞君德清人,三十岁成进士,入翰林,旋放河南学政,两年被人言免官。免官以后,幡然改计,乃读王氏父子书,从此精研朴学,旁及艺文。他的著述——《春在堂全集》五百卷,中以朴学为上,文学次之。朴学中又以《群经平议》《诸子平议》各三十五卷,及《古书疑义举例》七卷,为最博大精深。此三书中,《群经平议》成书太早,视王氏《经义述闻》,间有未谛之处,故其晚年自救为《茶香室经说》。《诸子平议》则足与王氏《读书杂志》抗衡。至于《古书疑义举例》,则超过《经传释词》,于解释古书之词例及谬误,可谓集其大成,实在是一部整理中国古书文法的杰作。其治学方法,悉本高邮王氏,门径既正,造诣又深,古义多所发明,宿疑为之冰释,开浙学之中兴,张清学之后殿。著述而外,并主讲西湖诂经精舍,历三十一年之久，主持风雅，宏奖人才，其功至为伟大。

章先生自二十三岁肄业诂经精舍，因得从俞君学，亲炙良师，时亘七载，其所成就益大。昔戴震论学曰："学有三难：淹博难，识断难，精审难。"三百年来，兼此三长者，惟有先生。先生论治学方法，谨严不苟，足为后学南针，有云：

> 审名实，一也；重左证，二也；戒妄牵，三也；守凡例，四也；断情感，五也；汰华辞，六也。六者不具，而能成经师者，天下无有。学者往往崇尊其师，而江、戴之徒，义有未安，弹射纠发，虽师亦无所避。(《文录》卷一——《说林》下)

又论朴学的等第，取法乎上，仅得乎中，使后学知所别择，有云：

> 以戴学为权度，而辨其等差，吾生所见，凡有五等：研精故训而不支，博考事实而不乱，文理密察，发前修所未见。每下一义，泰山不移，若德清俞先生，定海黄以周，瑞安孙诒让，此其上也。守一家之学，为之疏通证明，文句隐没，钩深而致之显，上比伯渊，下规凤喈，若善化皮锡瑞，此其次也。已无心得，亦无以发前人隐义，而通知法式，能辨真妄，比辑章句，秩如有条，不滥以俗儒狂夫之说，若长沙王先谦，此其次也。高论西汉而谬于实证，侈谈大义而杂以夸言，务为华妙，以悦文人，相其文质，不出辞人说经之域，若丹徒庄忠棫，湘潭王闿运，又其次也。归命素王，以其言为无不包络，未来之事，如占蓍龟，瀛海之大，如观掌上，其说经也，略法今文而不通其条贯，一字之近于译文者以为重宝，使经典为图书符命，若井研廖平，又其次也。(同上)

章先生对于本师的尊敬，至老不渝，然却有过一段趣事，见于《谢本师》文中，大意是说既游台湾回国，往谒俞君于曲园，俞君督教甚厉，说他讼言革命是不忠，远去父母之邦是不孝；不忠不孝，非人类也，小子鸣鼓而攻之可也。先生对曰："弟子以治经侍先生，今之经学，渊源在顾宁人。顾公为此，正欲使人推寻国性，识汉、虏之别耳，岂以刘殷、崔浩期后生也?"此事在所撰《俞先生传》并未提及,只言"老而神志不衰,然不能忘名位"而已。

学友黄以周、孙诒让、宋衡等

章先生交友,以学问相切磋者甚多。其风义在师、友之间者,有黄以周、孙诒让诸氏,皆朴学大师。友人则有宋衡先生,深通佛典。兹各略述如下:

> 黄以周,定海人。所著以《礼书通故》百卷为最大,其精审过于秦蕙田的《五礼通考》。章先生为之传,称此书"与杜氏《通典》比隆,其校核异义过之,诸先儒不决之义尽明之矣"。主讲南菁书院,江南诸高材皆出其门。
>
> 孙诒让,瑞安人。著《周礼正义》《墨子闲诂》《古籀拾遗》《札迻》,又著《契文举例》《名原》,为研究殷契之第一人。章先生为之传,有云:"以为典莫备于六官,故疏《周礼》;行莫贤于墨翟,故次《墨子闲诂》;文莫正于宗彝,故作《古籀拾遗》。"又云:"《札迻》者,方物王念孙《读书杂志》。每下一义,妥聊宁极,淖入凑理。……诒让学术,盖龙有金榜、钱大昕、段玉裁、王念孙四家。其明大义,钩深穷高过之。"
>
> 宋衡先生,平阳人。原名存礼,改名曰恕,又改曰衡。其学以仁爱为基,以大同为极,是一位伟大的革新运动者及文化批评者。著作繁富,生前仅刊《六斋卑议》一种,此书提倡革政,远在辛卯以前。又深研内典,章先生称之云:"平子疏通知远,学兼内外,治释典,喜《宝积经》。炳麟少治经,交平子,始知佛藏。"又云:"……最后乃一意治瑜珈。炳麟自被系,专修无著世亲之说,比出狱,世无应者。闻平子治瑜珈,窃自喜,以为梵方之学,知微者莫如平子,视天台、华严诸家深远。"(《文录》卷二——《瑞安孙先生伤辞》)宋先生掌教于杭州求是书院,"取法象山,限规不立,经史子集,任择从事"。寿裳幸得受业,并得因以知中国之有章先生。

第十四节　革命不忘讲学

东京讲学实际情形

章先生一生讲学，历有年所，循循善诱，至老不休。本节所言，系专指居东京、编《民报》之时，一面执笔为文，鼓吹革命，目不暇给。然犹出其余力，为后进讲语言文字之学。寿裳幸侍讲席，如坐春风，谨就当时实际情形，謦欬所承，略记于下：

先生东京讲学之所，是在大成中学里一间教室。寿裳与周树人（即鲁迅）、作人兄弟等，亦愿往听。然苦与校课时间冲突，因托龚宝铨（先生的长婿）转达，希望另设一班，蒙先生慨然允许。地址就在先生寓所——牛込区二丁目八番地，《民报》社。每星期日清晨，前往受业，在一间陋室之内，师生席地而坐，环一小几。先生讲段氏《说文解字注》、郝氏《尔雅义疏》等，神解聪察，精力过人，逐字讲释，滔滔不绝，或则阐明语原，或则推见本字，或则旁证以各处方言，以故新义创见，层出不穷。即有时随便谈天，亦复诙谐间作，妙语解颐，自八时至正午，历四小时毫无休息，真所谓"诲人不倦"。其《新方言》及《小学答问》两书，都是课余写成的，即其体大思精的《文始》，初稿亦起于此时。这是先生东京讲学的实际情形。同班听讲者是朱宗莱、龚宝铨、钱玄同、朱希祖、周树人、周作人、钱家治与我共八人。前四人是由大成再来听讲的。其他同门尚甚众，如黄侃、汪东、马裕藻、沈兼士等，不备举。

论学微旨

先生讲书之外，时宣微旨，深达理要，补前修之未宏，诫肤受之多妄，实足发人猛省。兹录数则，以见一斑。如说读书论世，贵乎心知其意，勿拘拘于表面的文字，曰：

古称读书论世，今观清世儒先遗学，必当心知其意，若全绍衣痛诋李光地佻淫不孝，实未足以为大过。台湾之役，光地主谋，使汉绪由兹而斩，欲明加罪状则不能，故托他过以讥之也。江子屏《宋学渊原记》，不录高位者一人，自汤斌、二魏、熊赐履、张伯行之徒，下至陆陇其辈，靡不见黜，而顾、黄二子为明代人物，又别为论叙以见端，诚谓媚于胡族，得登朊者，不足与于理学之林也。其他微言难了者，尚复众多，而侈谈封建、并田者为甚。是议起于宋儒，而明末遗民陈之，其言与绝相反（原注：除王而农别有所感，王崐绳辈意见，则纯同宋儒，其他皆有别旨）。宁人之主张封建，后世不明其故，戴子高犹肆口评之，甚无谓也。宋儒欲以封建、井田致治，明遗民乃欲以封建、井田致乱。盖目睹胡人难去，惟方镇独立以分其权，社会均财以滋其扰，然后天下土崩，而孤偾易除也。当时无独立及社会主义诸名，有之亦不可明示，托于儒家迂论，乃可引致其途耳。自宁人以下者，斯类多矣，而清雍正、乾隆二朝，亦能窥其微旨；故有言封建、井田者，多以生今反古蒙戮，又数为诏令以驳斥之。若以为沿袭宋儒迂论者，又何必忌之至是邪？然终无可奈何，及同治、光绪以还，行省拥兵于上，会党横行于下，武昌倡义，上下同谋，而清之亡忽焉；则先正之谋果效，而朽腐化为神奇之说亦不虚也。乌呼！前哲苦心，若斯者岂独一端已？后之学者其识之哉！（《自述学术次第》）

又说中国学术，在野则盛，在朝则衰，故提倡自由研究之风，曰：

中国学术，自下倡之则益善，自上建之则日衰。凡朝廷所阐置，足以干禄，学之则皮傅而止，不研精穷根本者，人之情也。会有贤良乐胥之士，则直去不顾，自穷其学。故科举行千年，中间典章盛于唐，理学起于宋，天元四元兴宋、元间，小学经训昉于清世。此皆轶出科举，能自名家，宁有官吏奖督之哉？恶朝廷所建益深，故其自为益进也。（《文录》卷二——《与王鹤鸣书》）

又说日本学术，采自西方，而中国犹有所自得，常以此谕青年学子，并作《原学》篇以申此义：

第十四节 革命不忘讲学

世之言学，有仪刑他国者，有因仍旧贯得之者，其细征乎一人，其巨征乎邦域。荷兰人善行水，日本人善候地震，因也。山东多平原大坛，故邹、鲁善颂礼。关中四塞便骑射，使秦、陇多兵家。海上蜃气，象城阙楼橹，悦笨变眩，故九州、五胜怪迂之变在齐稷下。因也，地齐使然。周室坏，郑国乱，死人多而生人少。故列子一推分命，归于厌世，御风而行，以近神仙。族姓定，阶位成，贵人之子，以武健陵其下。故释迦令桑门去氏，比于四水入海，而咸淡无别。希腊之末，甘食好乐，而俗淫湎，故史多揭家务为艰苦，作自裁论，冀脱离尘垢，死而宴乐其魂魄。此其政俗致之矣。虽一人亦有旧贯。传曰："良弓之子，必学为箕；良冶之子，必学为裘。"故浮屠之论人也，锻者鼓橐以吹炉炭，则教之调气。浣衣者刮摩垢秽，而谕之观腐骨。各从其习，使易就成，犹引茧以为丝也。

然其材性发舒，亦往往有长短。短者执旧，不能发牙角。长者以向之一，得今之十。是故九流皆出王官，及其发舒，王官所不能与。官人守要，而九流究宣其义，是以滋长，短者即循循无所进取。通达之国，中国、印度、希腊，皆能自恢犷者也。其余因旧而益短拙，故走他国以求仪刑。仪刑之与之为进，罗甸、日耳曼是矣。仪刑之不能与之为进，大食、日本是矣。仪刑之犹半不成，吐蕃、东胡是矣。

夫为学者，非徒博识成法，挟前人所故有也。有所自得，古先正之所觊擎，贤圣所以发愤忘食。员舆之上，诸老先生所不能理，往释其惑，若端拜而议，是之谓学。亡自得者，足以为师保，不与之显学之名。视中国、印度、日本则可知矣。日本者，故无文字，杂取晋世隶书章草为之，又稍省为假名。言与文缪。无文而言学，已恧矣。今庶艺皆刻画远西，什得三四。然博士终身为写官；更五六岁，其方尽，复往转贩。一事一义，无胸中之造，徒习口说而传师业者。王充拟之，犹"邮人之过书，门者之传教"（《论衡·定贤篇》）。古今书教工拙诚有异，邮与阍，皆不与也。中国、印度，自理其业，今虽衰，犹自恢犷。其高下可识矣。贷金尊于市，不如己之有苍璧小玑。况自有九曲珠，足以照夜。厌夸龇者，惟强大是信。苟言方略可也，何与于学。

夫仪刑他国者，惟不能自恢犷，故老死不出译胥钞撮。能自恢犷，其不亟于仪刑，性也。然世所以侮易宗国者，诸子之书，不陈器数。非校官之业，有司之守，不可按条牒而知。徒思犹无补益，要以身所涉历中失利害之端，回顾则是矣。诸少年既不更世变，长老又浮夸少虑。方策虽具，不能与人事比合。夫言兵莫如《孙子》，经国莫如《齐物论》，皆五六千言耳。事未至，固无以为候；虽至，非素练其情，涉历要害者，其效犹未易知也。是以文久而灭，节奏久而绝。（原注：《孙子》十三篇，今日本治戎者，皆叹为至精，由其习于兵也。《庄子·齐物论》，则未有知为人事之枢者。由其理趣华深，未易比切。而横议之士，夸者之流，又心忌其害己，是以卒无知者。余向者诵其文辞，理其训诂，求其义旨，亦且二十余岁矣。卒如浮海，不得祈向。涉历世变，乃始谋然理解，知其剀切物情。《老子》五千言，亦与是类，文义差明。不知者多以清谈忽之，或以权术摈之。有严复者，立说差异，而多附以功利之说，此徒以斯宾塞辈论议相校耳，亦非由涉历人事而得之也。）即有陈器数者，今则愈古（原注：谓历史、典章、训诂、音韵之属）。今之良书，无谱录平议，不足以察。而游食交会者又邕之。游食交会，学术之帷盖也，外足以饰，内足以蔽人。使后生佽佽无所择，以是旁求显学，期于四裔。

四裔诚可效，然不足一切画，以自轻鄙。何者，饴饺酒酪，其味不同，而皆可于口。今中国之不可委心远西，犹远西之不可委心中国也。校术诚有讪，要之短长足以相覆。今是天籁之论，远西执理之学弗能为也。遗世之行，远西务外之德弗能为也。十二律之管吹之，捣衣、舂米皆效情，远西履弦之技弗能为也。神输之针，灼艾之治，于足治头，于背治胸，远西剀割之医弗能为也。氏族之谱，纪年之书，世无失名，岁无失事，远西阔略之史弗能为也。不定一尊，故笑上帝。不迩封建，故轻贵族。不奖兼并，故弃代议。不诬烝民，故重灭国。不恣兽行，故别男女。政教之言愈于彼又远。下及百工将作，筑桥者垒石以为空阆，旁无支柱，而千年不坏。织绮者应声以出章采，奇文异变，因感而作，犹自然之成形，阴阳之无穷（傅子说马钧作绫机，其巧如此，然今织师往往能之）。割烹者斟酌百物以为和味，坚者使毳，淖者使清，泊者使腴，令菜茹之甘，美于刍豢。次有围棋、柔道，其巧疑神。孰与木杠之窳，织成之拙，牛截之哧，象戏之鄙，角抵之钝。又有言文歌诗，彼是不能相贸者矣。

夫赡于己者，无轻效人。若有文木，不以青赤雕镂；惟散木为施镂。以是知仪刑者"散"，因任者"文"也。然世人大共标弁，以不类远西为耻。余以不类方更为荣，非耻之分也。老子曰："天下皆谓我道大，似不肖。夫惟大，故似不肖。若肖，久矣其细也夫。"此中国、日本之校已。（《国故论衡》下卷）

学贵自得,勿轻易效人,类于稗贩,此是青年学子必读之文,故录其全首如上。

第十五节　语言文字学上的贡献

《文始》

章先生对于语言文字学上的贡献，洵可谓集一代的大成。少年时即精治小学，遍览清世大师的著作，以为诸家虽各有所长，然犹有未至者。久乃专读大徐《说文原本》至十余遍，以说解正文比较，于是疑义冰释。尝谓"小学者，国故之本，王教之端，上以推校先典，下以宜民便俗。岂专引笔画篆，缴绕文字而已"。居东讲学时，不废著述，悼古义之沦丧，愍民言之未理，故作《文始》，以明语言之根；次《小学答问》，以见文字之本；述《新方言》，以通古今之邮。又著《国故论衡》上卷十一篇，皆言小学要义。自谓"阴阳对转，区其拿侈（案：指成均图），半齿弹舌，归之舌头（案：指古音娘日二纽归泥的证明）；明一字之有重音，辨转注之系造字。比之故老，盖有讨论修饰之功"。兹就上述三书，各加说明，并举数例于下：

《文始》这部书是中国文字学上一大发明，探名言的渊源，极形声的妙用。先生自述其创作经过：

> 以为学问之道，不当但求文字。文字用表语言，当进而求之语言。语言有所起，人仁天颠，义率有缘。由此寻索，觉语言统系秩然。因谓仓颉依类象形以作书，今独体象形见《说文》者，止三四百数，意当时语不止此，盖一字包数义，故三四百数已足，后则声意相迤者，孳乳别生，文字乃广也。于是以声为部次，造《文始》九卷。归国后，叶奂彬见而善之，问："如何想得出来。"答："日读《说文》，比较会合，遂竟体完成耳。"（同门诸祖耿：《记本师章公自述治学之功夫及志向》）

其例如：

《说文》："口，人所以言食也。象形。"旁转宵，变易为噭。颜师古说：

"嗷，口也。"凡有穴者通得言口，故转宵又孳乳为窍，空也。口对转东又孳乳为空，窍也。空又孳乳为銎，斤斧穿也。口又孳乳为钽，金饰器口也。

《说文》："谷，泉出通川为谷。从水半见出于口。"此合体象形也。声义本受诸口，而有数读，在深喉则如今音，在浅喉则如浴、欲，在齿音则如俗，亦作舌音，与通对转为训，大要分喉、舌二列而已。孳乳为沟，《释水》曰："注谷曰沟。"又为陵，通沟以防水也。为渎，沟也。《释水》曰："注浍曰渎。"为窦，空也。凡今言洞者皆借为窦，东侯对转也。谷亦对转东，孳乳为銧，大长谷也。窦旁转幽，孳乳为銧，山穴也。

诸有孔穴可容受者通言谷。对转东，孳乳为容，盛也。在本部孳乳为俞，空中木为舟也。……其于衣为袘，袴踦也，或作襭。为轊，躬臂决也。为袪，编枲衣，一曰头袘，一曰次裹衣也。为屦，履也。其于兵为韣，弓矢韣也。为韣，弓衣也。于器为楲，匱也，皆匮也。为𦉥，受钱器也。为瓯，小盆也。为區，瓯也。为瓮为巩，皆罂也。于车为毂，辐所凑也。为釭，车毂中铁也。于乐为筒，通箫也。为筒，断竹也（原注：筒转阳，则葛艺为大竹筒，筊为大竹）。于门为枢，户枢也。于草为藩，扶渠根也。藩对转东，舒作舌音为董，杜林说："藩根也。"此皆有孔穴可容受者也。

泉出通川为谷，故谷对转东，孳乳为通，达也。又孳乳为迵，迭也（原注：迭借为达）。此二同字。又孳乳为洞，疾流也。洞又为洞潒之义。还侯作来纽为扁，屋穿水入也。……又孳乳为歇，去阴之刑也，犹去耳言聑矣。

人有九窍，各有所嗜，而男女为大欲，自洞以衍，既为逐字。谷本一切通孔之大名。对转东，亦孳乳为孔，通也。乞至而得子，嘉美之也。此谓人道之通孔。孔次对转幽，变易为好，美也。《释器》言"肉倍好""好倍肉""肉好若一"，好即孔矣。其引申则《诗传》好训说。还鱼，孳乳为欲，贪欲也。欲又变易为觎，欲也。《易》之室欲，孟氏作谷。《乐记》"性之欲也"，《乐书》作"性之颂也"。《庄子·天下篇》宋钘"语心之容"，即《荀子》所引宋子言"人之情欲寡，而皆以己之情欲多"。然则欲字之义，又系于谷与容矣。……"凡谷字有深喉、浅喉、舌、齿四音，故所孳乳之字，亦备四音。"（《文始》卷六《侯东类》）

《说文》："工，巧饰也。象人有规矩。"古文作𢒄，从彡。工者初文，𢒄者准初文。小篆用工，遂出𢒄字为古文矣。对转侯，变易为竘，一曰匠也。《方言》：吴越饰貌为竘，或谓之巧。次对转幽，变易为巧，技也。巧旁转宵，变易为娱，巧也。在本部孳乳又为颂，貌也。貌与颂皆有图画义。工又孳乳为攻，击也。《考工记》攻木、攻金、攻皮、设色、刮摩、搏埴皆称工，治之皆曰攻。又孳乳为功。《释诂》：功，成也；《释名》：功，攻也。攻又孳乳为巩，以韦束也。《诗传》攻训坚。《释诂》巩、坚皆训固。

工有规矩之义。规矩皆与工双声。凡圆者为鞠，隅者为角，锐者为圭，直者为径，磬折者为磬，为球，从横折矩者为句，为股，虽各有初文本字及他字所孳乳者，然皆与工双声相系。……

攻训击，对转侯则变易为叩，击也。次对转幽，则变易为考，叩也。其所孳乳，在侯为殴，捶击物也。……其本部砮为水边石，亦与确相转。（同上）

《小学答问》

《小学答问》这部书系答弟子之问，以明本字、借字流变之迹，其声谊相禅，别为数文者，亦稍示略例，观其会通。其例如：

问曰："《说文》：'天，颠也。'《易》曰：'其人天且劓。'"马融曰："黥凿其额曰天。"不解凿额何以称天？答曰："天即颠尔。颠为顶，亦为额。"《释畜》："钓颡白颠。"《周南》："麟之定。"《传》曰："定，题也。"一本题作颠（原注：颠、顶、定、题，古皆双声。陆以颠为误，非也。）明题颡得称颠矣。去耳曰聅，去鼻曰劓，去而曰彤，去豖曰豰，皆从其声类造文。去髌直曰髌，凿颠直曰颠，不造它文，直由本谊引而申之。又《刑法志》说秦刑有凿颠，《山海经》说兽名有刑天。刑天无首，盖被凿颠之刑。彼颠即指顶尔。

问曰："《说文》：'艾，灸台也。'《春秋传》言'艾豻''国君好艾'。《孟子》《楚辞》言'少艾''幼艾'，不解少年何以称艾？"答曰："老亦为艾。五十发苍，始服官政，以艾为称；少亦为艾，犹言苍生，亦如今言青年矣。艾转为牙，崔骃言'童牙'，亦转为吾，管子言'吾子'，皆幼少之名也。"

问曰："《说文》：'爽，明也。'"《雅》训为差为忒，其义何取？答曰："阳鱼对转，爽借为疏。"《夏小正》"爽死"。传曰："爽也者，犹疏也。"是其例。周疏相对。周为密，亦为忠信；不密则差，亦为食言矣。

问曰："《说文》：'雍，雍䳅也。'"相承训和者，何字也？答曰："东侯对转，字借为愉。"《祭义》曰："有和气者必有愉色。"《论语·乡党》："愉愉如也。"郑君曰："愉愉，颜色和。"愉亦作姁。《汉书·韩信传》："言语姁姁。"师古曰："姁姁，和好貌也。"《史记》作呕呕。雍重言为雍容。鬼臾区为鬼容区，亦东侯对转矣。或曰："雍䳅飞则鸣，行则摇，故声音赴节者谓之雍。《乐府》有《精列篇》，象其节奏，故音和谓之雍。"

《新方言》

《新方言》，真是洽见的奇书，不刊的硕记。其自序有云："……中更忧虑，悲文献之衰微，诸夏昆族之不宁一，略䌷殊语，征之古音，稍稍得其觭理。盖有诵读占毕之声，既用唐韵，俗语犹不违古音者；有通语既用今音，一乡一州犹不违唐韵者；有数字同从一声，唐韵以来，一字转变，余字则犹在本部，而俗语或从之俱变者。远陌纷错，不可究理，方举其言，不能征其何字，曷足怪乎？……"又云："读吾书者，虽身在陇亩与夫市井贩夫，当知今之殊言，不违姬、汉，既陟升于皇之赫戏，案以临瞻故国，其恻怆可知也。"例如今言"甚么"，即"舍"之切音；今言"光蛋"，即"矜"之切音：元寒戈对转，故今言蘿菜，声如菠菜；古无轻唇音，故蜚虱本读毕虱。

《说文》："曾，词之舒也。""余，语之舒也。从八，舍省声。"曾、余同义，故余亦训何，通借作舍。《孟子·滕文公》篇："舍皆取诸其宫中而用之。"犹言何物皆诸其宫中而用之也。《晋书·元帝纪》："帝既至河阳，为津吏所止，从者宋典后来，以策鞭帝马而笑曰：'舍，长官禁贵人，女亦被拘邪？'"舍字断句，犹言何事也。亦有直作余者，《春秋左氏传》曰："小白余，敢贪天子之命，无下拜！"犹言小白何物也。今通言曰"甚么"，舍之切音也。川、楚之间曰舍子，江南曰舍，俗作啥，本余字也。（原注：歌戈、鱼模、麻相转，甚、舍齿音，旁纽相通，故甚么为舍之切音。）

《方言》："矜谓之杖。"寻古音矜如鳏，故老而无妻者或书作矜，或书作鳏。今人谓杖为棍，即矜字之变矣。又谓凶人为光棍。寻《说文》："桱柮（原注：亦作朳），断木也。"古谓凶人曰桱柮，今谓凶人曰光棍，其义同也。《左传》桱柮，杜解以为即鲧。古人即名表德，尧、舜、桀、纣皆是。然则鲧之言棍，即古矜字矣。《楚辞》云："鲧婞直以亡身。"婞直亦与矜同义。婞为直立之物，故古人谓直为矜。《论语》："古之矜也廉，今之矜也忿戾。"又云："君子矜而不争。"廉直为矜，所谓婞也；忿戾为矜，所谓桱柮、光棍也。古今语正自不异。又今人亦谓无室家者为光棍，则正无妻为矜之义。训诂声音皆同。（原注：说文鲧鳏二文相接，并训鱼，疑本重文）

《尔雅》："矜，蟠蒿。"元寒歌戈对转，今言蘩菜，声如波菜。

《说文》："蜚，臭虫负蠜也。"今淮南谓之蠜，山西谓之蜚虱。蜚读如比，古音无轻唇，蜚本读比。江南转入如毕，通言曰臭虫。

注音符号的来源

还有，现今常用的注音符号，亦系发源于章先生。先生曾说切音之用，只在笺识字端，令本音画然可晓。故曾定纽文为三十六，韵文为二十二，皆取古文篆籀径省之形，以代旧谱。至民国二年，教育部召集"读音统一会"。开会的时候，有些人主张用国际音标，有些人主张用清末简字，各持一偏，争执甚烈。而会员中，章门弟子如胡以鲁、周树人、朱希祖、马裕藻及寿裳等，联合提议用先生之所规定，正大合理，遂得全会赞同。其后实地应用时，稍加增减，遂成今之注音符号。

第十六节　文学上的贡献

论文学

宋衡先生论文，颇右汉、魏，于并世则独推重章先生，尝谓："枚叔文章，天下第一。"因为章先生的文章，上规秦、汉，下凌魏、晋，实与宋先生有同嗜。《国故论衡》中卷七篇，皆言文史。其关于韵语，以周、汉为宗，有云：

> 论辩之辞，综持名理，久而愈出，不专以情文贵，后生或有陵轹古人者矣。韵语代益陵迟，今遂涂地，由其发扬意气，故感慨之士擅焉。聪明思慧，去之则弥远。记称诗之失愚，以为不愚固不能诗。夫致命遂志，与金鼓之节相依。是故史传所记，文辞凌厉、精爽不沫者，若荆轲、项羽、李陵、魏武、刘琨之伦，非奇材剑客，则命世之将帅也。由商、周以讫六代，其民自贵，感物以形于声，余怒未渫，虽文儒弱妇，皆能自致。至于哀窈窕，思贤材，言辞温厚，而蹈厉之气存焉。及武节既衰，驰骋者至于绝脰，犹弗能企。故中国废兴之际，枢于中唐，诗赋亦由是不竞。五季以降，虽四言之铭，且拱手谢不敏，岂独采诗可以观政云尔。太史公曰："兵者，圣人所以讨强暴，平乱世，夷险阻，救危殆。自含血戴角之兽，见犯则校，而况于人，怀好恶喜怒之气，喜则爱心生，怒则毒螫加，情性之理也。故六律为万事根本，其于兵械尤所重。"自中唐以降者，死声多矣。"长子帅师，弟子舆尸"，相继也。今或欲为国歌，竟弗能就。抗而不坠，则暴慢之气从之矣；龙而无守，则鄙倍之辞就之矣。余以为古者礼乐未兴，则因袭前代。汉《郊祀歌》有《日出入》一章，其声熙熙，悲而不伤，词若游仙，乃足以作将帅之气，虽云门大卷弗过也。以是为国歌者，贤于自作远矣。（《国故论衡》中卷——《辨诗》）

所云采诗岂独观政，便是国势的盛衰，民气的刚柔，亦可以从此处看出。《菿汉微言》中曾有一段话说："观世盛衰者，读其文章辞赋，而足以知一代之性情。西京强盛，其文应之，故雄丽而刚劲。东京国力少衰,而文辞亦视昔为弱,然朴茂之气尚存,所谓壮美也,三国既分,国力乍挫,讫江左而益弱,其文安雅清妍,所谓优美也。唐世国威复振,兵力远届,其文应之,始自燕、许,终有韩、吕、刘、柳之伦,其语瑰玮,其气驵奘,则与两京相依。逮宋积弱,而欧、曾之文应之,其意气实与江左相似,不在文章奇偶之间也。明世外强中干,弱不至如江左两宋,强亦不能如汉、唐,七子应之,欲法秦、汉,而终有绝脰之患。元、清以外夷入主,兵力亦盛,而客、主异势,故夏人所为文,犹优美而非壮美。是故文辞刚柔,因世盛衰,虽才美之士,亡以自外。古者陈诗以观民风,《诗》亡然后《春秋》作。次《春秋》而有《史记》。《史记》者,通史也,晁错、仲舒之对策,贾太傅之陈奏,太史皆删剟不录;而于屈、贾、相如诸传,独存辞赋,诚以诸奏对者,被时持世之言,而辞赋本于性情,其芳臭气泽之所被,足以观世质文,见人心风俗得失,则弃彼取此矣。此即孔子删诗之志,又非有远识者不能为也。"这里所说,虽不专指辞赋,而足与上引韵语之言相发。至于《日出入》一章,其声恢绰,可被金石,在国歌尚未制定以前,宜于暂用,先生亦曾为寿裳言之。

关于持论,则以魏、晋为法,有云:

> 当魏之末世,晋之盛德,钟会、袁准、傅玄皆有家言,时时见他书援引,视荀悦、徐干则胜。此其故何也?老、庄、刑名之学,逮魏复作。故其言不牵章句,单篇持论,亦优汉世。然则王弼《易例》,鲁胜《墨序》,裴𬱟《崇有》,性与天道,布在文章。贾、董卑卑,于是谢不敏焉。经术已不行于王路,丧祭尚在,冠昏朝觐,犹弗能替旧常,故议礼之文亦独至。陈寿、贺循、孙毓、范宣、范汪、蔡谟、徐野人、雷次宗者,盖二戴间人所不能上。施于政事,张裴《晋律之序》,裴秀《地域之图》,其辞往往陵轹二汉。由其法守,朝信道矣,工信度矣。……
>
> 魏、晋之文,大体皆埤于汉,独持论仿佛晚周,气体虽异,要其守己有度,伐人有序,和理在中,孚尹旁达,可以为百世师矣。……
>
> 效唐、宋之持论者,利其齿牙;效汉之持论者,多其记诵,斯已给矣。效魏、晋之持论者,上不徒守文,下不可御人以口,必先豫之以学。

(三段皆见《国故论衡》中卷——《论式》)

"必先豫之以学"这句话,最为切要。世人但知道魏、晋崇玄学,尚清谈,而不知道玄学常和礼乐的本原、律令的精义,彼此相扶。玄学者其言虽系抽象,其艺则切于实际,所以是难能可贵。

文之自述

关于自言其文之所至,引二段如下:

> 余少已好文辞,本治小学,故慕退之造词之则,为文奥衍不驯,非为慕古,亦欲使雅言故训,复用于常文耳。犹凌次仲之填词,志在协和声律,非求燕语之工也。时乡先生有谭君者(案:指谭献,原名廷献,仁和人,著有《复堂类稿》),顾从问业。谭君为文,宗法容甫、申耆,虽体势有殊,论则大同矣。三十四岁以后,欲以清和流美自化。读三国、两晋文辞,以为至美,由是体裁初变,然于汪、李两公,犹嫌其能作常文,至议礼、论政则颠焉。仲长统、崔实之流,诚不可企。吴、魏之文,仪容穆若,气自卷舒,未有辞不逮意,窘于步伐之内者也。而汪、李局促相斯,此与宋世欧阳、王、苏诸家务为曼衍者,适成两极,要皆非中道矣。匪独汪、李,秦、汉之高文典册,至玄理则不能言。余既宗师法相,亦兼事魏、晋玄文,观夫王弼、阮籍、嵇康、裴頠之辞,必非汪、李所能窥也。……由此数事,中岁所作,既异少年之体,而清远本之吴、魏,风骨兼存周、汉,不欲纯与汪、李同流。然平生于文学一端,虽有所不为,未尝极意菲薄。下至归、方、姚、张诸子,但于文格无点,波澜意度,非有猖狂偭规者,则以为学识随其所至,辞气从其所好而已。今世文学已衰,妄者皆务为骱骸,亦何暇訾议桐城义法乎?(《自述学术次第》)
>
> 文生于名,名生于形;形之所限者分,名之所稽者理。分理明察,谓之知文。小学既废,则单篇掷落;玄言日微,故俪语华丽。不竐其本,以之肇末,人自以为杨、刘,家相誉以潘、陆,何品藻之容易乎?仆以下姿,智小谋大,谓文学之业,穷于天监,简文变古,志在桑中。徐庾承其流化,平典之风,于兹沫矣。燕、许有作,方欲上攀秦、汉,逮及韩、

> 吕、柳杈、独孤、皇甫诸家,劣能自振,议事确质,不能如两京,辩智宣朗,不能如魏、晋。晚唐变以谲诡,两宋济以浮夸,斯皆不足邵也。将取千年朽蠹之余,反之正则,虽容甫、申耆,犹曰采浮华、弃忠信尔。皋文、涤生,尚有谖言,虑非修辞立诚之道。夫忽略名实,则不足以说典礼;浮辞未蒇,则不足以穷远致。言能经国,诎于笾豆有司之守;德音孔胶,不达形骸智虑之表。故篇章无计簿之用,文辞非穷理之器。彼二短者,仆自以为绝焉。(《国故论衡》——《论式》)

所言绝无夸饰。因为典礼之文,所短每在繁碎,性道之文,所短每在缴绕。先生的文章确乎没有这两种短处,宜乎宋先生所以特别推重啊!

诗之自述

章先生的诗,不加修饰,弥见性真。其自述有云:

> 余作诗独为五言。五言者,挚仲洽《文章流别》,本谓俳谐倡乐所施。然四言自风雅以后,菁华既竭,惟五言犹可仿为。余亦专写性情,略本钟嵘之论,不能为时俗所为也。(《自述学术次第》)

任举一首,如民国十六年,先生六十岁,其《生日自述》诗是:

> 蹉跎今六十,斯世孰为徒?
> 学佛无乾慧,储书不愈愚。
> 握中余玉虎,楼上对香炉。
> 见说兴亡事,孥舟望五湖。

此诗即物言情,气韵深远,烈士暮年,壮心不已。虽身在江湖,而对于手造的民国,忧勤之心,未能一日去于怀!

第十七节　史学上的贡献

中国历史的特长

葆重中国的历史，和上两节的葆重语文，同为章先生的本志。尝谓提倡民族主义，发扬孔氏教育，皆当以历史为先务，有云：

> 孔氏旧章，其当考者，惟在历史。戎狄豺狼之说，管子业已明言。上自虞、夏，下讫南朝，守此者未尝逾越，特《春秋》明文，益当葆重耳。虽然，徒知斯义，而历史传记一切不观，思古幽情，何由发越？故仆以为民族主义，如稼穑然，要以史籍所载人物、制度、地理、风俗之类，为之灌溉，则蔚然以兴矣。不然，徒知主义之可贵，而不知民族之可爱，吾恐其渐就萎黄也。孔氏之教，本以历史为宗。宗孔氏者，当沙汰其干禄致用之术，惟取前王成迹可以感怀者，流连弗替。《春秋》而上，则有六经，固孔氏历史之学也。《春秋》而下，则有《史记》《汉书》，以至历代书志纪传，亦孔氏历史之学也。若局于《公羊》取义之说，徒以三世三统，大言相扇，而视一切历史为刍狗，则违于孔氏远矣。"（《文录·别录》二卷——《答铁铮》）

《国故论衡》中，亦有发挥此旨之文，如云：

> ……《春秋》所以独贵者，自仲尼以上，《尚书》则阔略无年次。百国《春秋》之志，复散乱不循凡例，又亦藏之故府，不下庶人。国亡则人与事偕绝。太史公云："《史记》独藏周室，以故灭。"此其效也。是故本之吉甫史籀，纪岁时月日，以更《尚书》；传之其人，令与诗书礼乐等治，以异百国《春秋》，然后东周之事，粲然著明。令仲尼不次《春秋》，今虽欲观定、哀之世，求五伯之迹，尚荒忽如草昧。夫发金匮之藏，被之萌庶，令人人不忘前王，自仲尼、左丘明始。……今中国史传连蕝，百姓与知，以为记事不足重轻，为是没丘明之劳，谓仲尼不专记录。藉令生印度、波斯之原，自知建国长久，文教浸淫，而故记不传，无以褒大前哲，

然后发愤于宝书，哀思于国命矣。（原注：余数见印度人言其旧无国史，今欲搜集为书，求杂史短书以为之质，亦不可得。语辄扼腕。彼今文家特未见此尔。）

国之有史久远，则亡灭之难。自秦氏以迄今兹，四夷交侵，王道中绝者数矣。然撄者不敢毁弃旧章，反正又易。藉不获济，而愤心时时见于行事，足以待后。故令国性不堕，民自知贵于戎狄，非《春秋》孰纲维是？《春秋》之绩，其什伯于禹邪！禹不治洚水，民则溺。民尽溺，即无苗裔，亦无与俱溺者。孔子不布《春秋》，前人往，不能语后人，后人亦无以识前。乍被侵掠，则相安于舆台之分。诗云："宛其死兮，他人是偷。"此可为流涕长潸者也。然则继魏而后，民且世世左衽，而为羯胡鞭挞，其憯甚于一朝之溺。《春秋》之况烝民，比之天地亡不帱持，岂虚誉哉？（以上二节，《国故论衡》——《原经》）

论人物之例

史传所载的人物和制度，可以使人周知古昔，以兴感慕。章先生描写人物，只用简要之笔，便能将其个性和特绩，活跃于纸上。例如述大禹之功，有云：

唯后生于汶山，故知山川之首。学于西王国，故识流沙之外。眇达勾股，故能理水地高下之宜。以身为度，故辨诸侯万人之体。于是鬓河以道九牧，凿江以流九派，刊旅以通九山。天地得一，画为中区，五服弼成，民得字养。自百王之功，未有如后者也。（《文录续篇》卷五上——《禹庙碑》）

述孔子之当尊，在上述制历史之外，还有布文籍、振学术、平阶级诸功。其文曰：

孔子所以为中国斗杓者，在制历史、布文籍、振学术、平阶级而已。往者《尚书》百篇，年月阔略，无过因事记录之书，其始末无以猝睹。自孔子作《春秋》，然后纪年有次，事尽首尾。丘明衍传，迁、固承流，史书始灿然大备。矩则相承,仍世似续,令晚世得以识古,后人因以知前。故虽戎羯荐臻,国步倾覆,其人民知怀旧常,得以幡然反正,此其有造于华夏者,功为第一。《周官》所定乡学,事尽六艺,然大礼犹不下庶人。当时政典,掌在天府,其事迹略具于《诗》《书》,师氏以教国子,而齐民不与焉。是故细户小氓,欲观旧事,则固闭而无所从受。故《传》称"宦学事师""宦于大夫",明不为贵臣仆隶,则无由识其绪余。自孔子观书柱下,述而不作,删定六学,布之民间,然后人知典常,家识图史,其功二也。九流之学,靡不出于王官;守其一术,而不遍览文籍,则学术无以大就。自孔子布文籍,又自赞《周易》,吐《论语》,以寄深湛之思。于是大师接踵,宏儒郁兴;虽所见殊途,而提振之功则一。其功三也。春秋以往,官多世卿。其自渔钓饭牛而兴者,乃适遇王伯之君,乘时间起,平世绝矣。斯岂草野之无贤才,由其不习政书,致远恐泥,不足与世卿竞爽。其一二登用者,率不过技艺之官,皂隶之事也。自孔子布文籍,又养徒三千,与之驰骋七十二国,辨其人民,知其土训,识其政宜,门人余裔,起而干摩,与执政争明。哲人既萎,曾未百年,六国兴而世卿废。民苟怀术,皆有卿相之资。由是阶级荡平,寒素上遂,至于今不废。其功四也。总是四者,孔子于中国为保民开化之宗,不为教主。世无孔子,宪章不传,学术不振,则国沦戎狄而不复,民陷卑贱而不升,欲以名号加于宇内通达之国,难矣。今之不坏,繄先圣是赖!是乃其所以高于尧、舜、文、武而无算者也。"(《文录》卷二——《驳建立孔教议》)

至于异族之人如伯夷、叔齐者,积仁絜行,廉顽立懦,感化力可谓伟大。章先生考其种族,谓以齐桓公伐山戎、斩孤竹观之,则夷、齐为山戎种,所谓鲜卑大人者是。其性墨胎,亦是虏姓而非汉姓。其后所隐首阳山,则从《史记正义》引说文在辽西,本为孤竹所辖。所谓采薇而食者,薇的茎叶皆似小豆,可以生食,即今之野豌豆苗。其不食周粟者,谓不食周室养老之饩。以东胡无米,独饶产豆,故就所有者为食,并非偏取豌豆而弃大豆。末段有云:

> 其称饿者,夷、齐就周养老,常得肉食。鲜卑戎人又素以饮酪、食肉为主。比其归时,年老不任弋猎。胡俗贱老(原注:《三国志》注引《魏

书》，乌丸俗贱老。鲜卑习俗与乌丸同），亦无以肉相俩者。乍食植物，则歉然如馁耳。借令今人得豆类为常食，首夏食豌豆，长夏食豍豆，秋食大豆。大豆坚实，又可熏暴以备冬春之需。其味丰腴甘美，视稻麦或不逮，视黍稷乃远胜之，何饿之有焉？其言饿且死者，夷、齐老矣，虽日食刍豢亦自毙。后人欲高其节，故以饿死连言，终之非如龚胜之所为也。夷、齐鲜卑人，武王与纣皆非其主，与龚胜为汉臣者异撰。直由素性廉让，不直武王所为，故走而避之。孟子所谓"目不视恶色，耳不听恶声，立于恶人之朝，与恶人言，如以朝衣朝冠坐于涂炭"（原注：据《三国志》注引《魏书》，乌丸、鲜卑皆髡秃以为轻便，毛毳为衣。伯夷鲜卑人，实未尝朝衣朝冠，孟子特举此为喻耳）。斯伯夷之旨也。太史以伯夷与许由同论，周末如陈仲辈皆闻其风而悦之，此皆非有亡国之痛，直以清风絜行，蝉蜕贪浊之表而已矣。几种族不同、礼俗素异之人，有能化及中原，永为世范者，自释迦以前，未有过于伯夷者也。（《文录续编》卷一——《伯夷叔齐种族考》。章氏国学讲习会编印本的目次，漏列本篇之名。）

论制度之例

章先生之论制度，能以枯燥平淡的史料，演为酣畅精彩的文章，而又字字核实，使人读了，仿佛看小说或戏剧一般，足以感怀不忘。例如《官制索隐》一文，内容分为四篇：一曰《神权时代天子居山说》，二曰《专制时代宰相用奴说》，三曰《古官制发原于法吏说》，四曰《古今官名略例》。现在只以一二两篇为例，前者是说神道设教之时，天子居山，宰相居麓以为拱卫；后者是说专制之君，不亲首辅而亲近侍以为腹心，把古来居高位者喜用佞幸的心理，描写得洞彻无遗。而使古代官制的奥义，了如指掌。其《神权时代天子居山说》，摘引如下：

……古之王者以神道设教，草昧之世，神人未分，而天子为代天之官，因高就丘，为其近于穹苍。是故封泰山，禅梁父，后代以为旷典，然上古视之至恒也。《山海经》云："鼓钟之山，帝台之所以觞百神也。"又云："帝尧台，帝喾台，帝丹朱台，帝舜台，各二台，台四方，在昆仑东北。""西王母之山，有轩辕之台。""系昆之山，有共工之台。"盖人君恒居山上，虽宫室既备，犹必放而为之。有时亦直营冈阜，以为中都。《说文》云："京，人所为绝高丘也。"《诗》称公刘："乃陟南冈，乃觏于京，京师之野，于时处处，于时庐旅。"此盖在夏衰，戎狄杂居之世。其后则《春秋》以天子所居为"京师"，亦放物其意而名之。《尔雅释诂》曰："林，蒸，君也。"林为山林，烝即薪蒸，是天子在山林中明甚。后代此制既绝，而古语流传，其迹尚在。故秦、汉谓天子所居为禁中。禁从林声。禁者，林也。言禁言籞，皆山林之储胥也。……（原注：亡友陈镜泉说）

……明堂宗祀，所以严父配天，古之庙止此而已。其在三代之礼，五庙与明堂各异，则不可以概太古。三灵（即灵台、灵囿、灵沼）、辟雍与明堂同处，亦得言庙。在《周礼》言之则非也，在太古言之则是也。明堂在郊，郊字古借用蒿（《周礼》载师注，故书郊或为蒿），故郊宫亦作蒿宫。然自《大戴礼盛德》篇，已不识蒿郊同字，乃曰："周时德泽洽和，蒿茂大以为宫柱，名为蒿宫。"诡诞之言，不可为典要矣。虽然，明堂在郊，亦只就三代言也。其在上古，则圜丘正为王宫之地，故附于郊丘者，有王宫祭日之典（《祭法》）。祭日之坛，而命之曰王宫，明王宫与日坛同处，朝觐于是，祭享于是，治事于是，授学于是。后世既不能继，故犹放物其意而建明堂、辟雍、三灵于郊野。灵台者，其所以拟群帝之台邪？

又寻山字之声类考之，则《说文》云："山，宣也。"以声为训，明古音山宣不殊。而宣为天子正居，周有宣谢，汉有宣室，此皆因仍古语。彼天子正居所以名宣者，正以其在山耳。周之宣谢，《汉五行志》以为讲武之坐屋，此固未备。据《顾命》路寝所设，大训、天球、河图皆在焉。而鼖鼓赤刀，兑之戈，和之弓，垂之竹矢，则讲武之具也。蔡邕云："古言天者三家：一曰盖天，二曰宣夜，三曰浑天。"寻谢字古但作射，而射与夜相通。（原注：《左氏文六年经》，狐射姑，《谷梁》作狐夜姑。又《左氏昭二十五年传》，申夜姑。《释文》云：夜本或作射）。是宣夜即宣射。天子正室有观天之器。其在后世，始分观天之处于灵台。然太古灵台、宣室，未始有异，皆在山颠而已。复观《祭法》："夜明为祭月之坛。"与日坛称王宫者密迩。至于汉世，而宣夜、夜明之语，转为掖庭。掖也，夜也，射也，谢也，榭也，豫也，序也，此七字皆同音而义相联者也。

又寻《尚书》有"纳于大麓"之文。古文家太史公说曰："尧使舜入山林川泽。"此读麓为本字，所谓林属于山为麓也。今文家欧阳夏侯说曰：

"昔尧试于大麓者,领录天子事,如今尚书官矣"(原注:刘昭注《续汉书百官志》引《新论》如此)。又曰:"入于大麓,言大麓三公之位也。居一公之位,大总录二公之事。"(原注:《论衡·正说篇》)。古文于字义为得,顾于官制失之;今文得其官制,其字义又不合。即实言之,则天子居山,三公居麓,麓在山外,所以卫山也。尧时君相已居栋宇,而犹当纳于大麓者,洪水方滔,去古未远,其故事尚在礼官。初拜三公,当准则典礼而为之,则必入大麓,以为赴官践事之明征。《左传》曰:"山林之木,衡鹿守之。"鹿即麓也。衡麓在后世只为虞衡之官,而古代正为宰相。如伊尹官阿衡,亦名曰保衡,犹是衡麓之故名也(原注:说者以为阿,倚;衡,平。则望文生训也。)至汉时有光禄勋,为天子门卫。勋者,阍也(原注:胡广已言之)。独光禄之义,至今未有塙解。其实光禄即是衡麓。衡、横古通。又《尚书》今文"横被四表",古文作"光被四表"。是衡、横、光三字为一也(原注:古音同在阳部。)……然证之以郎官,郎者光禄勋之属,亦天子守门之官也。《汉书杨恽传》云:"郎官故事,令郎出钱市财用,给文书,乃得出,名曰山郎。"张晏曰:"山,财之所出,故取名焉。"此未必得其本义也。大抵古天子端居冈阜,而从官以射猎为事,多得其饶。故汉世因之,犹名财之所出为山郎。斯语虽见于汉,然自殷、周时已有此意。《周语》曰:"夫周,高山广川大薮也。而幽王荡以为魁陵粪土沟渎,其有悛乎?"又曰:"夫旱麓榛楛殖,故君子得以易乐干禄焉。若夫山林匮竭,林麓散亡,薮泽肆既,民力雕尽,田畴荒芜,资用乏匮,君子将险哀之不暇,而何易乐之有焉。"是则天子在山,取其饶用,从官得以干禄。至殷、周,虽已居城郭,犹必宅于高山旱麓之地。汉代因之,遂有山郎之名,其所从来远矣。

综考古之帝都,则颛顼所居曰帝丘,虞舜所居曰蒲阪,夏禹所居曰嵩山(原注:夏都阳城。阳城即嵩山所在。古无嵩字,但以崇字为之。故《周语》称鲧为崇伯鲧。逸《周书》称鲧为崇禹,商之先,相土居商丘。其后又有适山之文(原注:《盘庚》曰:古我先王将多于前功,适于山)。周之先,公刘居京,其后又处旱麓之地。夫曰山,曰丘,曰阪,曰京,皆实地而非虚号。上古橧巢,后王宫室。其质文虽世异,而据山立邑则同。《左氏》言"三坟""九丘"。贾侍中云:"三坟,三王之书;九丘,九州亡国之戒。"言坟言丘,并以都山为义。及其亡灭,宫室邑里皆已泯绝,惟丘陵之形独存,甚者或夷为污泽。故伍员哀吴之亡,则言"吴其为沼"。

而屠灭者至于潴其宫室。盖以为高丘者，君上之所居，通于神明；洿泽者，亡虏之所处，沦于幽谷也。然则天子居山，其意在尊严神秘，而设险守固之义，特其后起者也。(《文录》卷——《官制索隐》)

至于《专制时代宰相用奴说》，亦摘引如下：

伊尹尝为阿衡(《商颂》)，亦为保衡(《书君奭》)。衡之义，前已发之。所谓衡鹿，即光禄也。而阿保为女师之称(《后汉书崔实传》)："或因常侍阿保，别自通达。"《注》："阿保谓傅母")。阿之为名，见于《礼记》，称为可者。《说文》阿字作娿。然则《吕览本味》篇称"有姺氏以伊尹媵女"，斯不诬矣。孰谓其躬耕乐道邪。汤既引伊尹为腹心，而阿保之名无改。其后相袭，遂以阿保为三公。周有太保，王莽置太阿、少阿，皆自此出。而说者以为阿，倚；衡，平。则不寻其本柢矣。又《本味》篇云："伊尹说汤以至味。"然则割烹要汤之说，亦不诬也。《曲礼》述夏、商之制，太宰尚卑，是其职本在治膳。然自伊尹任政，而冢宰之望始隆。孔子言高宗以前，君薨则百官总己以听冢宰。明冢宰之贵，商时已然。至《周礼·天官》太宰遂正位为五官长。然其所属冗官，犹是官中治膳之职。……又伊尹能治汤液。故《周礼》沿之，医师、食医、疾医、疡医、兽医等官，亦隶太宰。伊尹本为女师，故《周礼》沿之，使小宰治王宫之政令，而宫正、宫伯、宫人、内小臣、阍人、寺人、内竖皆属之；以至九嫔、世妇、女御之属，皆以太宰为其长官。后儒不审沿革，谓特使官掫冗官，隶于冢宰，使不得阻挠外政，所谓宫中、府中，皆为一体者。不知周制实由沿袭而成，非别有深意也。宰失之官，于《周礼》为左右太宰者，掌治朝之法，群吏之治，百官府之征令，以治法考百官府郡都县鄙之治，乘其财用之出入，其职崇矣。然见于《春秋传》者，则列国之宰夫，犹是庖人。而汉世奉常，属官有廱太宰，专主熟食。由夏、商本是一官，其后分之，或从本职，则为庖人；或从差遣，则为执政。

相沿有宰相之名，其原委至暧昧也。相之为名，本瞽师之扶掖者耳。稍进而赞揖让、槃辟之礼者亦名为相，其本皆至贱矣。然自尧时举十六相，已渐崇贵。仲虺为汤左相，召公为周伯相，遂以其名被之执政。即观孔子之在夹谷，本赞正服位之相耳，而《史记》言由大司寇行摄相事，则以执政归之。盖昵近之臣，易得君旨，故二者往往相兼，此又相国、丞相之名所由起矣。

御之为名,《诗》言"暬御"是也。周之御史,本居柱下,乃亦出巡邦国,至秦世遂以御史监郡。盖其始,本以天子近臣,刺探邦国密事,犹后世以中贵人衔名也。秦之御史,已较周时为贵,其长官御史大夫,则遂在三公之列。按《大雅·崧高》篇:"王命傅御,迁其私人。"郑云:"傅御者,贰王治事,谓冢宰也。"是周世宰相,既以御名,而秦特沿袭其制耳。

仆射者,亦贱官之名也。《礼记·檀弓》言:"君疾,仆人师扶右,射人师扶左。"此近臣最微末者。自春秋时,以仆人通书札,《左传》言魏绛授仆人书,此犹近世投刺者,必由阍人传入耳。秦时,谒者掌宾赞受事,尚书属少府,博士通古今,与侍中皆天子近臣,而皆有仆射以领之。由是仆人、射人之名,始合为一,其被名非无故也。(原注:《汉书百官公卿表》言:古者重武,有主射以督课之。其说不合。近孙仲容始以仆人、射人之说正之。)汉时有尚书令一人,承秦所置。武帝初,用宦者,其后更为中书,司马迁尝为之。后汉有尚书令、尚书仆射,为国政之大凑,三公备位而已。至汉以后,中书又任朝政。及唐则尚书令、尚书仆射、中书令,皆为真宰相。奄竖之称,施于执政,而世不以为耻者,由其习惯然矣。

侍中者,又贱官之名也。汉初侍中,非奉唾壶,即执虎子。至东汉,则侍中比二千石。元魏以降,渐益显著。唐时亦以侍中为真宰相。然其所居,犹曰门下,斯与阍椓之徒何异?形迹之不可掩如此。

综此数者,则知古之宰相,皆以仆从小臣,得人主之信任。其始权藉虽崇,阶位犹下,最后乃直取其名以号公辅。然至于正位之后,而人主所信任者,又在彼不在此。汉之丞相、御史,权位皆至重也。东汉谓之司徒、司空,而国政已移于尚书矣。唐之尚书令、仆射、中书令、侍中,权位皆至重也。其后只为虚衔,而谋议国事者曰平章矣。明初亦置中书省左右丞相,自胡维庸谋反以后,禁不得设,而天子所与论道者,归之内阁矣。明之大学士,秩不过正五品,至满洲乃以此为公辅之正名,而政权复移于军机处矣。是知正位居体之臣,为人君所特恶,必以近幸参之,或以差委易之,然后能得其欢心,知其要领。彼与奄人柄政,固未有以大殊也。……

观于寺字、官字、臣字之得名,而知古代所贵,唯天子与封君。其非有土子民之臣僚,则皆等于奴隶陪属。观于太阿、太保、冢宰、丞相、御史、仆射、侍中之得名,而知侍帷幄、参密议者,名为帝师,或曰王佐,

其实乃佞幸之尤。世之乘时窃权,而以致君尧、舜自伐者,可无愧耶?(同上。并参阅《检论》卷七——官统)

论风俗之例

章先生之论风俗,亦独具慧眼,超出常流,溯风气之来源,穷社会的深奥。如说俗士以为魏、晋风俗,不及东汉,殊不知其敝俗无一不造端于汉代。汉代的纯德,在下吏诸生之间,虽魏、晋亦尽够与之相匹;魏、晋的侈德,下在都市,上即王侯贵人,虽汉世何尝没有!详见《五朝学》(《文集》卷一)。又如说晚世俗尚浮伪,滥称师生,其塾师在穷阎者,则弃之未尝一顾;而曲事座主,如对上皇,甚至执贽于上官,丑态百出。推究其始祸,实惟唐之韩愈!详见《箴新党论》。又如说唐代风俗淫泆,学者习为夸诞,不务质诚,都由于受了王勃之化。他的祖父王通的讲学著书,都出于他的假造。兹摘录首段于下:

> 隋、唐以科目更世胄,故鱼盐之士、管库之吏兴。匹夫有善,无勿举也。虽衰世犹有俊杰,此其贤于前世。及乎风俗淫泆,耻尚失所,学者狃为夸肆,而忘礼让,言谈高于贾、鼌,比其制行,不逮楼护、陈遵。
>
> 章炳麟曰:尽唐一代学士,皆承王勃之化也。昔王应麟称《世说》清浮,《中说》闳实,天下治乱系之。此古所谓皮相者。凡论学术,当辨其诚伪而已。《世说》虽玄虚,犹近形名,其言间杂调戏,要之中诚之所发舒。《中说》时有善言,其长夸诈则甚矣。案其言长安见李德林援琴鼓荡,及杜淹所为世家称,通问礼关朗,其年齿皆不逮。(原注:晁公武《读书志》,叶大庆《考古质疑》,皆辨之。)而房玄龄、杜淹、陈叔达,年皆长通,不得为其弟子。(原注:近世黄式三辨之。)《旧唐书》称通仕至蜀郡司户书佐,疑其言献策者亦妄也。诸此诈欺之文,世或以为福郊、福畤增之。案通弟绩既以通比仲尼,(原注:如汾亭操比龟山,白牛谿比尼丘泗涘之类。)子姓袭其唐虞,宜然。然其年世尚近,不可颠倒。而勃去通稍远矣,生既不识李、房、杜、陈之畴,比长,故老渐凋,得以妄述其事。《唐书》称通尝起汉、魏尽晋,作书百二十篇,续古《尚书》,有录无书者十篇;勃补完缺遗,定著二十五篇。由今验之,《中说》与《文中子世

家》,皆勃所谰诬也。

　　夫其淫为文辞,过自高贤,而又没于势利,妄援隋、唐群贵以自光宠。浮泽盛,故虑宪衰;矜夸行,故廉让废。其败俗与科目相依,而加劲轶焉。终唐之世,文士如韩愈、吕温、柳宗元、刘禹锡、李翱、皇甫湜之伦,皆勃之徒也,其辞章觯耦不与焉。犹言魏、晋浮华,古道湮替,唐世振而复之。不悟魏、晋老庄、形名之学,覃思自得亦多矣。然其沐浴礼化,进退不越,政事堕于上,而民德厚于下(原注:魏、晋两代,惟西晋三四十年中,风俗大弊,然犹不及吴、蜀故虚,东晋则风俗已复矣),固不以玄言废也。……(《检论》卷四——《案唐》)

所云房玄龄、杜淹、陈叔达不得为其弟子及种种诈欺之文,《菿汉昌言》卷六中亦有证明,云:"王绩《游北山赋》,自注称其兄门人百数,有董恒、程元、贾琼、薛收、姚义、温彦博、杜淹,而不及房、杜、魏征、陈叔达等。由今追观,玄龄少时已知隋祚不长,而仲淹方献太平策;以隋文之猜刻,太子广之奸狡,杨素之邪佞,乃欲其追比成、康,其识不及玄龄远甚,知房必不事王也。魏征于隋末为道士,诡托方外,亦无执挚儒门之理。陈叔达答绩书,称"贤兄文中子",是叔达亦非仲淹门人。又云:"叔达亡国之余,幸赖前烈,有隋之末,滥尸贵郡,因霑善诱,颇识大方。"则是尝以郡守下问部民,非著籍门下者也。绩书但举亡兄芮城,不及文中,果尝抗颜为师,安有不举为表旗者哉?唐初卿佐,薛收最少,其为仲淹门人,斯无可疑。然《中说》称内史薛公令子收往事,尚亦不谛;使道衡重仲淹如此,不令作蜀郡司户书佐矣。又《五朝学》自注有云:"世人谓清谈废事,必忘大节。此实不然。乐广、卫玠,清言之令。然愍怀之废,故臣冒禁拜辞,为司隶所收缚,广即解遣之。卫玠于永嘉四年,南至江夏,与兄别于梁里涧,语曰:'在三之义,人之所重。今日忠臣致身之道,可不勉乎?'不得谓忘大节也。又世谓南朝人专务声色,然求之史传,竟无其征,就有一二,又非历朝所无也。唐人荒淫,累代独绝,播在记载,文不可诬。又其浮竞慕势,尤南朝所未有。南朝疵点,专在帝室,唐乃延及士民。……"此亦足与上引东晋风俗已复之言相发。

论修史

章先生对于修史的意见发表甚多，例如《近史商略》一文，于元、明史既有评论，于清史体裁的纰缪，尤多匡正。如《国语志》，如《儒学》《畴人》二传，如《叛臣传》，如《卓行传》，如《不列佞幸传》，所评均极确当。兹仅录其最末《论艺文儒学》一节如下：

> 《艺文》《经籍》诸志，所以见古今书籍存亡之概，非为一代扬其华采也。自昔之为志者，大抵集合古今，扫之部署。宋史虽多舛缪，旧籍存亡之数，犹可概知。独《明志》局于当代，观其序述，诚非好为更张。盖焦竑所为《经籍志》，多由臆造，若欧阳、大小夏侯三家《尚书》，齐、鲁、韩三家《诗》，贾逵、郑众之《春秋》，马融之《周礼》，卢植之《礼记》，李登之《声类》，谢承、华峤、司马彪、袁山松之《后汉书》，王隐、虞预、谢灵运、何法盛、臧荣绪之《晋书》，贾充、杜预之《晋律》，南宋以降，斩焉无存。而焦竑录之《志目》，其篇卷悉与汉、隋二志不异。此之荒诞，谁能信之？自是而外，《文渊书目》又不周详。是以《明史》专存一代，则慎言阙疑之旨也。而俗士昧其意趣，谓《艺文》当以断代为正，吾亦不谓断代非也。当代现有其书，则取而录之于志，如作四柱清册者有旧管、新收、开除、现存之条。所谓现存，即以旧管、新收合计作册者，不专以新收为现存。作志者安得以一代所作为断代邪？清时《四库书目》，外及私家储藏，虽非详尽，终异于虚张空簿者。不据斯以入录，而欲追踪明志，非所谓貌同心异者欤！且清世经师，多由博观自得，非有师法授受之统也。今为《儒学传》者，必推其原始，致之晚周，称商瞿受《易》孔子，曾申受《诗》子夏，师传阔绝，而以旦暮视之；何异亢萧氏于酂侯，追王家于齐建，施诸碑颂则可，行于方策则否矣。《儒学》当断限而反通，《艺文》宜广收而反局，何其瞀乱一至于斯也！或言古今具录，其目过繁。不悟《唐志》有书八万余卷，《宋志》有书十二万卷，清时新旧著录之书，宁能过是？若不知体要，而苟以虚伪鄙琐者相充，是虽清时一代之作，亦犹繁而难理矣。碑版传状所称著书如干卷者，其数可胜计邪？（《检论》卷八——《哀清史》附录）

论治史

章先生对于今人治史的缺点，慨乎言之。例如《救学弊论》一文，于现代学校课程的失当，多所指摘。以为欲省功而易进、多识而发志者，要算是历史罢！其书虽广，而文易知；其事虽烦，而贤人君子之事与夫得失之故悉有之。其所从入之途，则须务于眼学，不务耳学。末段有云：

> ……今之文科，未尝无历史，以他务分之，以耳学囿之，故其弊有五：一曰尚文辞而忽事实。盖太史兰台之书，其文信美，其用则归于实录。此以文发其事，非以事发其文。继二公为之者，文或不逮，其事固粲然。今尚其辞而忽其事，是犹买珠者好其椟也。二曰因疏陋而疑伪造。盖以一人贯串数百年事，或以群材辑治，不能相顾，其舛漏宜然。及故为回隐者，则多于革除之际见之，非全书悉然也。《史通》曲笔之篇，《通鉴》考异之作，已往往有所别裁。近代为诸史考异者，又复多端，其略亦可见矣。今以一端小过，悉疑其伪。然则耳目所不接者，孰有可信者乎？百年以上之人，三里以外之事，吾皆可疑为伪也。三曰详远古而略近代。夫羲、农以上，事不可知；若言燧人治火，有巢居橧，存而不论可也。《尚书》上起唐、虞，下讫周世，然言其世次疏阔，年月较略，或不可以质言。是故孔子序《甘誓》以为启事，墨子说《甘誓》以为禹事。伏生、太史公说《金縢》风雷之变为周公薨后事，郑康成说此为周公居东事。如此之类，虽闭门思之十年，犹不能决也。降及春秋，世次年月，始克彰著，而迁、固以下因之，虽有异说，必不容绝经如此矣。好其多异说者，而恶其少异说者，是所谓好画鬼魅，恶图犬马也。不法后王而盛道久远之事，又非所以致用也。四曰审边塞而遗内治。盖中国之史自为中国作，非泛为大地作。域外诸国与吾有和战之事则详记之，偶通朝贡则略记之，其他固不记也。今言汉史者喜说条支、安息，言元史者喜详俄罗斯、印度，此皆往日所通，而今日所不能致。且观其政治风教，虽往日亦隔绝焉。以余暇考此固无害，若徒审其踪迹所至，而不察其内政军谋何以至此。此外国之人之读中国史，非中国人之自读其史也。五曰重文学而轻政事。夫文章与风俗相系，固也。然寻其根株，是皆政事隆污所致。怀王不信谗则《离骚》不

作,汉武不求仙则《大人赋》不献。彼重文而轻政者,所谓不揣其本求之于末已。且清谈盛时,犹多礼法之士;诗歌盛时,犹有经术之儒。其人虽不自禄于世,而当世必取则焉,故能持其风教,调之适中。今徒标揭三数文士,以为一时士俗,皆由此数人持之,又举一而废百也。扬搉五弊,则知昔人治史,寻其根株;今之治史,摭其枝叶。其所以致此者,以学校务于耳学;为师者不可直说事状以告人,是以遁而为此。能除耳学之制,则五弊可息,而史可兴也。……(《文录续编》卷一)

第十八节　经子及佛学上的贡献

说经

自章学诚发六经皆史之说，龚自珍引申之曰："六经者，《周史》之宗子也。《易》也者，卜筮之史也；《书》也者，记言之史也；《春秋》也者，记动之史也；《风》也者，史所采于民而编之竹帛，付之司乐者也；《雅》《颂》也者，史所采于士大夫也；《礼》也者，一代之律令，史职藏之故府，而时以诏王者也；小学也者，外史达之四方，瞽史谕之宾客之所为也。今夫宗伯虽掌礼，礼不可以口舌存；儒者得之史，非得之宗伯。乐虽司乐掌之，乐不可以口耳存；儒者得之史，非得之司乐。故曰：六经者，周史之大宗也。"章先生常谓学诚之言为有见；谓《春秋》即后世史家之本纪、列传；《礼》《经》《乐》《书》，仿佛史家之志；《尚书》《春秋》，本为同类；《诗》多纪事，合称诗史；《易》乃哲学史之精华，即今所称社会学。（参阅诸祖耿：《记本师章公自述治学之工夫及志向》）因为经史分部，魏以前无此说。经为官书，史官掌之，故谓之史。

章先生治经典，专崇古文，有云："六经皆史之方，治之则明其行事，识其时制，通其故言，是以贵古文。"（《国故论衡·明解故下》）因之先生治经，以周官、左氏为本。其法依据明文，不纯以汉世师说为正，以为不如是则怪说不绝。虽尚汉学，而亦不黜魏、晋。有云：

> 余谓清儒所失，在牵于汉学名义，而忘魏、晋干蛊之功。夫汉时十四博士，皆今文俗儒。诸古文大师虽桀然树质的，犹往往俛而汲之，如贾景伯、郑康成皆是也。先郑、许、马濡俗说为少，然其书半亡佚，后人欲窥其微，难矣。黄初以来，始立《毛氏诗》《左氏春秋》，《尚书》亦取马、郑，而尽废今文不用。逮《三体石经》之立，《书》《春秋》古文一时发露，然后学有一尊，受经者无所恇惑。故其时有不学者，未有学焉而岐于今文者；以是校汉世之学，则魏、晋有卓然者矣。郑冲无俚，盗《石经》

之字以造《古文逸书》，为世诟病，今所谓《伪孔尚书》是也。然今人知伪孔之非，为训说以更之者数家，猝然遇章句蹇棘，终已不能利解；就解其一二语，首尾相次，竟不知说何事。此有以愈于伪孔乎？无有也。清人说《周易》，多摭李鼎祚集解，推衍其例，则郑、荀、虞之义大备。然其例既为王氏略例所破，纵如三家之说，有以愈于王氏乎？无有也。《春秋》言《公羊》者不足道。清世说《左氏》，必以贾服为极。贾服于传义诚审，及贾氏治《春秋经》，例本刘子骏，既为《杜氏释例》所破，质之丘明传例，贾氏之不合者亦多矣。《易》义广大，不可以身质，王氏与郑、荀、虞或皆有圣人之道焉，不敢知也。若《春秋》者，语确而事易见，凡例有定，不容支离。杜氏所得盖什七，而贾氏财一二耳。……（《文录》续编卷一——《汉学论》下）

说《易》之例

章先生于易，虽无专著，然迭遭忧患，深有会心。《检论》中之《易论》而外，复有自述中所条记。使人读了，足以明《易》道之大。兹仅录其首二条如下：

上经以"乾""坤"列首，而序卦偏说"屯""蒙"。"屯"者草昧，"蒙"者幼稚，此历史以前事状也。"屯"称"即鹿无虞"，斯非狩猎之世乎？其时人如鸟兽，妃匹皆以劫夺得之，故云"匪寇婚媾"也。然女子尚有贞而不字，君子尚有舍不从禽。廉耻、智慧，人之天性，故可导以礼而厚其生。"蒙"始渐有人道，故言"纳妇"。婚姻聘币，初与买鬻等耳，故云"见金夫不有躬"也。"需"为饮食宴乐，勅有酒食，乃入农耕之世。"观"说"神道设教"，易明宗教之事唯此耳。而"观我生观其生"者，展转追求，以至无尽，则知造物本无，此超出宗教以上者也。

观之所受曰"噬嗑"，"先王以明罚勅法"。大凡肉刑皆起宗教，蚩尤泯棼，九黎乱德，人为巫史，五虐之刑亦作焉。参及域外，则有以违教而受炮燔之刑者矣。"噬嗑"有灭鼻、灭趾之象，斯所以继"观"也。受"噬嗑"者为"贲"。"贲"者文饰，今所谓文明也。而君子以明庶政，无敢折狱,故称"贲其趾,舍车而徒"。是为废刖足而代以髡钳役作也。又称"贲其须",则并除耏刑也。其卦亦及妃匹之事,言"白马翰如,匪寇婚媾"者,文明之世,婚礼大定,立招骍马于是行矣。然亲迎御轮,亦仿古者劫掠而为之,如系赤韨以仿蔽前耳,故亦称"匪寇婚媾"。(原注:睽亦称匪寇婚媾,王辅嗣说此爻,即以文明至秽为说,所谓君子以同而异也。)足知开物成务,其大体在兹矣。(《自述学术次第》)

说《书》之例

章先生于《书》,有《古文尚书拾遗定本》,是一部最后的著作,千载丛疑,一旦冰释。兹录其三则如下:

《尧典》——"黎民俎(原注:从敦煌所得释文本)饥。"《五帝本纪》作"黎民始饥"。此同马本,俎作祖,故马亦云始也。《周颂正义》引《书》黎民俎饥。注云:俎读曰阻。阻,厄也(原注:十行本如此)。《段氏撰异》云:"盖壁中故书作俎,故郑云俎读曰阻。古且与俎,音同义同。孔壁与伏壁当是皆本作且。伏读且为祖,训始。孔安国本则或通以今字作俎。"按段氏此说,所见甚卓。且祖古今字也。故安国、史迁、马氏皆以古今字通之,而读曰祖,且俎古亦一字也。故郑氏作俎而改读为阻。究之始饥之义,不甚妥帖,读阻亦非经旨。寻《说文》,且,荐也。荐正当作荐。且饥、俎饥,正即《春秋传》所谓"荐饥",《诗》所谓"饥馑荐臻"耳。在谷曰饥,在民曰饥,其实无异也。(原注:《汉·食货志》黎民俎饥,正作饥。俞先生平议已知祖即且字,训当为荐。然未录作俎之本,今为补正,义始明确。)

《盘庚》下——"用宏兹贲。"释鱼:"龟三足,贲。"此以贲为龟之大名,犹后世言蓍蔡,以蔡为龟之大名矣。宏,《说文》云:"屋深响也。"又云:"翃,屋响也。""竑,谷中响也。"皆一义所孳乳,是宏有响应之义。《系辞》云:"君子将有为也,将有行也,问焉而以言,其受命也如。"(原注:即响字。)虞翻曰:"同声相应,故如响也。"此言用应兹龟,义正如此,与"各非敢违卜"意相足。

《无逸》——"文王卑服,即康功田功。"释文:"卑,马作俾,始也。"案:《三体石经》,此字古文篆隶皆作卑,不从马读。服,古文作𦝼,借𦝼为服也。功,古文作卫。康,释宫云:"五达谓之康。"字亦作庚。《诗》有由庚,《春秋传》有夷庚,以为道路大名。康功者,谓平易道路之事;田功者,谓服田力穑之事。前者职在司空,后者职在农官,文王皆亲莅之,故曰卑服。尝疑周颂执竞云:"不显成康,上帝是皇;自彼成康,奄有四方。"成康即谓成道。《诗》言"踧踧周道""周道如砥",明周家自有道路之制,与夏、商异,匠人营之,合方氏达之,所以车同轨也。

说《诗》之例

章先生于《毛诗微言》,所得尤众;藏之胸中,未及著录。其散见于《检论》及《文录》者,例如《关雎故言》(《检论》卷二),谓所陈系文王与纣之事。后妃淑女,乃指鬼侯之女。"案《鲁连书》及太史《殷本纪》,皆说鬼侯,一曰九侯,声相似。鬼侯有女而好,献之纣。鬼侯女不意淫,纣以为恶,醢鬼侯。鄂侯争之强,辨之疾,故脯鄂侯。文王闻之而窃叹,故拘之羑里库。"《关雎》辞在称美,而义有讽刺。

又如《小疋大疋说》(《文录》卷一)谓依《说文》:"疋,足也。古文以为《诗》大疋字。或曰:胥字。一曰:疋,记也。"仓颉见鸟兽蹄迒之迹而初造书契,所以记录称疋,取义于足迹。"大小疋者,《诗序》曰:'言天下之事、形天下之风,谓之雅。颂者,美盛德之形容,以其成功,告于神明。'颂本颁貌字。褒美则曰形颂,纪事则曰足迹。是故疋、颂相待为名。孟子曰:'王者之迹息而《诗》亡,《诗》亡然后《春秋》作。'范宁述之曰:'孔子就大师而正《雅》《颂》,因《鲁史》而修《春秋》,列《黍离》于国风,齐王德于邦君,所以明其不能复雅,政化不足以被群后也。'此则王者之迹,谓之《小疋》《大疋》,古训敫如也。"又谓"疋之为足迹,声近雅,故为乌,乌声近夏,故为夏声,一言而函数义可也。"

又如说公刘"其军三单,……彻田为粮",撢喷索隐,于制度及文字，无不迎刃而解。有云：

> 殷制，公侯不过百里，然自后稷封邰，公刘迁豳，大王迁岐，周地绵亘已数百里，不以殷法宰制。《周语》曰："先王不窋，窜于戎狄之间；及文王受命，建号称王，不侪于吴、楚之僭。"此则岐山以西，殷亦夷、镇视之，势不能臣畜也。观《诗》有彻田为粮，其军三单，赋役车甲，悉能自为法令。(《文录》卷一——《封建考》)

此言当时周国的情形，了如指掌。至于"单"字，《毛传》训袭，本甚明了，而许君不能用，郑君亦在疑眩之间；王肃以下，更无论已。其实三单者，言更番征调，以后至者充前人之缺，犹今时常备、后备、预备之制。有云：

> 其军三单。《传》曰："三单相袭也。"单训为袭，是其本义。古文作Y，象其系联也。小篆为单，象古文变其形。《释文》："太岁在卯曰单阏。"孙炎作蝉焉。《方言》："蝉，续也。"《扬雄传》曰："有周氏之蝉嫣。"婵嫣训连，连续即相袭义，此借蝉为单也。孟子曰："唐虞禅。"《汉书·文帝纪》曰："嬗天下。"禅本封禅，嬗本训Y，今以此为继位之义，亦借为单。禅位犹言袭住也。明此，则毛公训单为袭，斯为本义。其军三单者，更番征调，犹卒更、践更、过更之制，其事易明。说Y为辰，经始多事矣。Y如三辰，凭臆说为辰字，何不曰Y象弹丸，本弹之古文耶？凡钩摛钟鼎、诡更正文者，其无征多如此也。《说文》训大，乃幋之假借也。(《文录》卷一——《与尤莹问答记》。并参阅同卷《毛公说字述》。)

说《左传》之例

章先生于《左传》，早岁即著《春秋左传读》，未刊行。其《叙论》一篇，系专驳刘逢禄，晚年自饬为《春秋左传疑义答问》(见《章氏丛书续编》)。先生又谓："《说苑》《新序》《列女传》中所举左氏事义六七十条，其间一字偶易，正可见古文《左传》，不同今本，而子政之改易古文，代以训诂，亦皆可睹。……"乃著《刘子政左氏说》。兹录数条如下：

《僖十九年传》——"盍姑内省德乎。"《说苑》述此作"胡不退修德"。案《说文》："复，却也。从彳日夂。一曰行迟。汭，復或从内。䢰古文从止。"案从内者，内声也。此内字乃汭之古文假借。子政识古文，退释内。《墨子·亲士》曰："君子进、败其志，内究其情。"俞先生曰："内乃汭坏字，与进对文。今观此文，则内汭固以声通矣。"释文："省，察也。"省德谓自察其德何如。作修德者，便文易之，非训诂也。寻上说文王云，退修教而复伐之，则此当以退劝宋公，崔然无疑义。（原注：上作退，此作内者，古文不定一体，故彝器每有一字而前后异义者。）今人溺于内省不疚之文，皆以内为本字，由不知六书假借也。

《昭二十八年传》——"实有豕心。"《列女传》实作宕。案梁端以宕为实之误，未必然也。《说文》："宕，过也。从宀砀省声。"此宕即砀。《淮南·本经训》："玄玄至砀而运照。"注：砀，大也。然则宕有豕心者，大有豕心也。古文正尔，子政所见未讹，不得反以今本改之。

说诸子及佛学

章先生于诸子，初治韩非、荀卿之书，以为精到，次及墨翟、庄周，益饶妙悟。惟不好宋学，亦尚无意于释氏。观其自述，有云：

"……三十岁顷，与宋平子交。平子劝读佛书，始观《涅槃》《维摩诘》《起信论》《华严》《法华》诸书，渐近玄门，而未有所专精也。遭祸系狱，始专读《瑜伽师地论》及《因明论》《唯识论》，乃知瑜伽为不可加。既东游日本，提倡改革，人事繁多，而暇辄读《藏经》。又取魏译《楞伽》及《密严》诵之，参以近代康德、萧宾诃尔之书，益信玄理无过《楞伽》《瑜伽》者。少虽好周、秦诸子，于老、庄未得统要。最后，终日读《齐物论》，知多与法相相涉，而郭象、成玄英诸家悉含胡虚冗之言也。既为《齐物论释》，使《老子》五千言，字字可解。日本诸沙门亦多慕之。适会武昌起义,束装欲归,东方沙门诸宗三十余人属讲佛学,一夕演其大义,与世论稍有不同。东方人不信空宗,故于法相颇能讲受。而天台、华严、净土诸钜子,论难不已,悉为疏通滞义,无不厌心。余治法相以为理极不可改更,而应机说法,于今尤适。……余既解《齐物》,于老氏亦能推明。佛法虽高,不应用于政治、社会,此则惟待老、庄也。儒家比之,邈焉不相逮矣。然自此亦兼许宋儒,颇以二程为善,惟朱、陆无取焉。二程之于玄学,间隔甚多,要之未尝不下宜民物,参以戴氏,则在夷、惠之间矣。至并世治佛典者,多以文饰膏粱,助长傲诞,上交则谄,下交则骄,余亦不欲与语。……"(《自述学术次第》)

《齐物论释》一书,引证释、老,破除名相,是一部谈玄的奇作。其序文有云:

"……(庄生)以为隐居不可以利物,故托抱关之贱;南面不可以止盗,故辞楚相之禄;止足不可以无待,故泯死生之分;兼爱不可以宜众,故建自取之辩;常道不可以致远,故存造微之谈。维纲所寄,其惟《逍遥》《齐物》二篇,则非世俗所云自在、平等也。体非形器,故自在而无对;理绝名言,故平等而咸适。《齐物》文旨,华妙难知。魏晋以下,解者亦众,既少综覈之用,乃多似象之辞。……执此大象,遂以胪言,儒墨诸流,既有商榷,大小二乘,犹多取携,夫然义有相征,非傅会而然也。……

庞俊撰《章先生学术述略》,于先生之言玄哲,有云:

……于是欧陆哲理,梵方绝业,并得餍而饫之,盖至是而新知旧学,融合无间,左右逢源,灼然见文化之根本,知圣哲之忧患。返观九流,而闶意眇旨,豁于一旦,先后作《原道》《原名》《明见》《辨性》《道本》《道微》《原墨》诸篇,精辟创获,清儒不能道其片言。其说始出,闻者震惊,而卒莫之能易。其《齐物论释》一篇,以佛解庄,名理渊渊,高蹈太虚,足为二千年来儒、墨九流解其封执。若其说狙公赋茅之文,然后知天钧两行之言,不同于圆滑也;明尧伐三子之问,然后知天演进化之论,实多隐慝也。胜义稠叠,员舆之上,诸老先生未有先言之者。

寥寥数言,于叙述先生玄学的深邃,上涉圣涯,下宜民物,可谓得其大概了。

第十九节　对于中印文化沟通的期望

古来中印两国文化的关系

章先生对于中印两国的联合，期望甚殷，尝谓"东方文明之国，荦荦大者独吾与印度耳。言其亲也则如肺腑，察其势也则若辅车，不相互抱持而起，终无以屏蔽亚洲"（《印度中兴之望》）。旨哉斯言！返观历史，两国文化的交流，远起于汉代，海陆并进。由中国方面看来，实在是输入远过于输出。输入中最主要的，当然是佛教。大法东来，发展得异常伟大，我国士大夫及平民无不感受深刻。当初还不是直接的由印度译来，而是间接的得于西域。即如后汉的安世高，是译经的第一人，是中国佛教开山之祖，而其籍则为安息；西晋的佛国澄是中国北地佛教的开拓者，而其籍则为龟兹。这两个都是西域人。自是以后，我国的贤哲，渐渐不满于西域的间接输入，要直接求于印度，于是有西行求法之举。五百年间，高僧辈出，冒万险，历百艰，所产生的结果，能够大有造于文化界；法显和玄奘是其代表，译经既富。显师所著的《佛国记》，奘师所著的《西域记》以及慧立所著的《慈恩三藏法师传》，不但佛学者奉为鸿宝，就是研究世界史者亦视为珍藏，欧洲诸国，均有译本。

我们对于印度文化，不但输入了教理，而且建设了诸宗。除此以外，还有科学、艺术、工业等很多。因之中、印两国，就国际的关系说，就文化先后的关系说，实在是难兄难弟。我们做弟弟的，究竟有什么礼物回敬老哥呢？有是有的，不过微薄点罢了。我们试读《续高僧传》，有云："奘奉敕翻《老子》五千文为梵言，以遗西域。"又云："又以《起信》一论，文出马鸣，彼土诸僧，思承其本，奘乃译唐为梵，通布五天。"可见玄奘的伟大，不仅在阐扬大乘，建立新宗，而且是翻译中国名著的第一人，回译印度失传了的名论的第一人，这就是我们对于印度的贡献。

总之，我们吸收印度文化，绝不是生吞活剥，而是融会贯通。由印度佛教而创造出"中国的佛教",由印度的像印而创造出"中国的印刷术"(敦煌发见的古物中有千佛像,就是用像印印成的。这种像印源于印度)。输入虽多,大有受用,不是模仿,而是创造,实在够得上称难弟!

先生居东时的努力

中、印两国文化的关系,密切如此!可惜明代以后,两国隔绝,历数百年,固由明代不竞,而语言文字的障碍亦其枢纽。为今之计,亟宜相互讲习,以恢复旧时的睦谊。章先生居东京时,一面亲从印度学士研究梵文,又咨问彼土诸宗学说;一面撰著鸿文,以祝印度的中兴,如《记印度西婆耆王纪念会事》《印度中兴之望》《印度独立方法》等(见《文录·别录》卷二)。其《送印度钵逻罕保什二君序》,缠绵悲壮,异常动人,摘录如下:

> 印度法学士钵逻罕,自美利坚来,与其友保什走访余于东京。余固笃志于薄伽梵教,而甚亲印度人者也。平生未尝与其志士得衔杯酒之欢,亦未由知其名号。既见二君,欢相得也!已而悲至陨涕,二君道印度衰微之状,与其志士所经画者,益凄怆不自胜。复问余支那近状。嗟乎!吾支那为异族陵轹,民失所庇,岂足为友邦君子道!顾念二国,旧肺腑也,当斟酌其长短,以相补苴。支那士人,憙言政治,而性嗜利,又怯懦畏死,于宗教偶然无所归宿。虽善应机,无坚确之操。印度重宗教,不苟求金钱储藏,亦轻生死,足以有为,独短于经国之术。二者相济,庶几其能国乎!昔我皇汉刘氏之衰,儒术堕废,民德日薄,赖佛教入而持世,民复挚醇,以启有唐之盛。讫宋世,佛教转微,人心亦日苟偷,为外族并兼,勿能脱。如印度所以顾复我诸夏者,其德岂有量邪?臭味相同,虽异族,有兄弟之好。迩来二国皆失其序,余辈虽苦心,不能成就一二,视我亲昵之国,沦陷失守,而鳌力不足以相扶持,其何以报旧德!今兹通请谒,复不得在故国,空藉日本为瓯脱地,得造膝抒其哀情,相见握手,只益悲耳。……

……昔德意志哲学者索宾霍尔（案亦译作萧宾诃尔）有言：恻怛爱人之德，莫印度若。欧罗巴之伦理，则旃陀罗（原注：印度语，译言屠者）与蔑戾车（原注：印度语，译言多须之野人）之伦理耳。吾视印度诸圣哲，释迦固上仁，摩挐法典与商羯罗之吠檀多教，亦哀隐人伦若赤子。回教素剽悍，既入印度，被其风，有宽容之德，与往世憎恶他教者异。载其清净，足以使民宁一。

近世欧人言支那即复振，其社会裁制，当为世界型范。夫体国经野之术，支那视印度，则昔人所谓礼先一饭者。至与万物相人偶，视若一体，卒勿能逮也。他日吾二国扶将而起，在使百姓得职，无以蹂躏他国相杀毁伤为事，使帝国主义之群盗，厚自渐悔，亦宽假其属地赤黑诸族，一切以等夷相视，是吾二国先觉之责已。斯事固久远，不可刻限，然世人多短算，谓支那衰敝，难复振起，印度则且终于沦替，何其局麇无远见耶？昔希腊、罗马皆西方先进国，罗马亡且千四百年，希腊亡几二千年，近世额里什与意大利犹得光复。印度自被蒙古侵略，至今才六百岁，其亡国不如希腊、罗马之阔远，振其旧德，辅以近世政治、社会之法，谁谓印度不再兴者？余闻梵教有塞音氏，始建印度改革协会，穆辛县娄继之，至于今未艾。而锡兰有须曼迦逻之徒，昭宣大乘，以统一佛教国民为臬，国之兴，当题芽于是。愿二君以此自壮，余虽孱然若虮虱虬蛾子哉，亦从而后也。

钵逻罕君之来，期薄，将西度支那，而保什君亦且诣美利坚。美利坚人之遇保什君，余不敢肊；抑吾支那之群有司，为满洲人台隶，惟强是从，岂念畴昔兄弟之好？钵逻罕君虽多学，且倜傥有大志，彼其相遇，或不能如君望，独自吴淞溯江而上，至于巴汉，北出宛平，以窥榆关之险，观其山渎之瑰奇，人物之蕃殖，而俛焉制于异族，以与师度相较，悲世之情，宜若波涛而起矣。（《文录·别录》卷二）

西游之志

章先生以居士之身，承奘师之学，夙愿西游，冀以宣扬我文化，使中、印两国，重申旧好，相互扶持。民国五年三日，陀于北平，曾赐书寿裳，命为设法。因即就商于教育总长张一麟，托其进言，竟未有成，至今耿耿。其书录在下方：

季苇足下：

　　数旬不觌，人事变幻，闻伯唐辈亦已蛰遁。今之政局，固非去秋所可同喻。羁滞幽都，我生靡乐，而栋折榱崩，咎不在我；经纶草昧，特有异人。于此两端，无劳深论。若云师法段干，偃息藩魏，虽有其术，固无其时也。今兹一去，想当事又有遮碍，晓以实情，当能解其忧疑邪！梵土旧多同志，自在江户，已有西游之约，于时从事光复，未及践言。纪元以来，尚以中土可得振起，未欲远离也。迩者时会倾移，势在不救，旧时讲学，亦为当事所嫉。至于老、庄玄理，虽有纂述，而实未与学子深谈，以此土无可与语耳。必索解人，非远在大秦，则当近在印度。兼寻释迦、六师遗绪，则于印度尤宜。以维摩居士之身，效慈恩法师之事，质之当事，应无所疑。彼土旧游，如钵逻罕、鲍什诸君，今尚无恙，士气腾上，愈于昔时远甚，此则仆所乐游也。兹事既难直陈当事，足下于彼，为求一纳牗者，容或有效。若以他事为疑，棋已终局，同归于尽可知矣，又安用疑人为？此问起居康健！

　　　　　　　　　　　　　　　　　　　　　　　章炳麟白
　　　　　　　　　　　　　　　　　　　　　　　二十三日

　　同年，先生归自北平，遍游新加坡、南洋诸岛，为华侨讲宗国安危的情势，以坚其内向之忱。岁晚始归。而先生西游之志，终未得达。

第四章　先生晚年的志行

第二十节　对于甲骨文的始疑终信

早年作《理惑论》

甲骨文（或称殷契，亦称卜辞）的出土，是孔壁、汲冢以后最大的发见之一。距今不到五十年，研究者日多，已经蔚为一种新学问。章先生初甚怀疑，著《理惑论》（见《国故论衡》）以非难之。大意是说周礼有衅龟之典，未闻铭勒，其余见于龟策列传者亦刻画无传。骸骨入土，未有千年不坏，积岁稍久，故当化为灰尘。龟甲蜃珧，其质同耳。朽骨何灵，而能长久若是？开首有这样的几句：

> 近有掊得龟甲者，文如鸟虫，又与彝器小异。其人盖欺世豫贾之徒，国土可鬻，何有文字？而一二贤儒，信以为质，斯亦通人之蔽。

先生作此论时，大约因为龟甲文初出，未暇细读，又因为素不信罗振玉（后来果然背叛民国，做了汉奸）的为人，遂牵连于其所研究的古文，这是甲骨文一时的不幸。

晚年议论的改变

甲骨文是商朝王室命龟之辞，太卜所典守的。我们现今能够在实物上考见文字，要以此为最古而最多。此文出土后，首先来研究考释之人要推孙诒让（已见第十三节）。孙氏得了刘鹗所印的《铁云藏龟》，因为没有释文，苦难畅读，靠他平生四十多年攻治古文的心得和研读彝器款识的经验，参互解释，才得略略通晓，他的著书有二种：

（一）《契文举例》其自序有云："四十年所见彝器款识逾二千种，大抵皆出周后，未获见真商文字为憾。顷得此册，不意衰年睹此奇迹，爱玩不已，辄穷两月力校读之，以前后复重者，互相采绎，乃略通其文字。远古契刻遗文，更三四千年竟未漫灭，为足宝耳。今就所通者，略事甄述，用补有商一代书名之佚，兼以寻究仓后、籀前文字流变之迹。"

（二）《名原》，也是根据甲骨文以探求文字沿革之迹。这两种书的成就，不但开了文字学的新途径，简直使中国学术上和全部古代文化史上增了新的认识。

继之者有王国维，著《殷卜辞所见先公先王考》及《续考》《戬寿堂所藏殷虚文字考释》《殷周制度论》《古史新证》等书，义据的精深，方法的缜密，可谓极考证家的能事。换句话说，能以旧史料释新史料，复以新史料释旧史料，多所发明，正经典的误字，溯制度的渊源，从来说古书奥义，未有如此之贯串者。

孙、王两氏之间，还有一个人须提明的，便是罗振玉，著有《殷虚贞卜文字考》《殷虚书契考释》等。王国维称之为"三代以后言古文字者未尝有"。其他研究此学者尚众，不详举。

章先生晚年看见了这些创获，亦改变前说，认为甲骨文是可靠的。对于罗振玉的著作，说亦有可采处，真所谓"君子不以人废言"。惜乎此意未及写出，遽归道山，连腹稿亦埋藏地下，是多么不幸的事！时至今日，还有不明底细，援引先生早年《理惑论》之句以疑契文者，信口胡说，未免太可笑了。

第二十一节　对于全面抗日的遗志

万恶的日本军阀

日本之有文化，初则传自中国和印度，近时则传自欧、美诸国，但是日本军阀负恩忘义，穷凶极恶，不但要侵占中国，简直要独霸全球，种种阴谋，竟想干"逢蒙杀羿"的勾当，使我们忍无可忍……

我们抗战四年以后，始对日本宣战，兹录《国民政府对日本宣战布告》的第一段如下：

> 日本军阀夙以征服亚洲并独霸太平洋为其国策，数年以来，中国不顾一切牺牲，继续抗战，其目的不仅所以保卫中国之独立生存，实欲打破日本之侵略野心，维护国际公法正义及人类福利与世界和平，此中国政府屡经声明者……

先生与抗日战争

因为严夷夏之防，是章先生一生志节的所在，所以对于抗日战争，提倡最力。当十九路军血战于上海，宋哲元军血战于长城，先生都发电嘉勉，以振士气。我们读《书十九路军御日本事》，知道抗战制胜之道，军民合作的如何重要。其文如下：

> 民国二十年九月，日本军陷沈阳，旋攻吉林，下之。未几又破黑龙江，关东三省皆陷。明年一日，复以海军陆战队窥上海。枢府犹豫，未有以应也。二十八日夕，敌突犯闸北，我第十九路军总指挥蒋光鼐、军长蔡廷锴令旅长翁照垣直前要之，敌大溃，杀伤过当。其后敌复以军舰环攻吴淞要塞，既击毁其三矣，徐又以陆军来。是时敌船械精利数倍于我，发炮射击十余里，我军无与相当者。要塞司令邓振铨惧不敌，遽脱走，乃令

副师长谭启秀代之。照垣时往来闸北、吴淞间，令军士皆堑而处，出即散布，炮不能中。俟其近，乃以机关枪扫射之，弹无虚发。军人又多善跳荡，时超出敌军后，或在左右，敌不意我军四面至，不尽歼即缴械，脱走者才什一，卒不能逾我军尺寸。始，日本海军陆战队近万人，便衣队亦三千人，后增陆军万余人，数几三万，我军亦略三万。自一月二十八日至二月十六日，大战三四，小战不可纪，敌死伤八千余人，而我死伤不逾千。自清光绪以来，与日本三遇，未有大捷如今者也。

原其制胜之道，诚由将帅果断，东向死敌，发于至诚；亦以士卒奋厉，进退无不如节度；上下辑睦，能均劳逸，战剧时至五昼夜不卧，未尝有怨言；故能以弱胜强，若从灶上扫除焉。初，敌军至上海，居民二百余万，惴恐无与为计，闻捷，馈饷持橐累累而至；军不病民，而粮秣自足。诸伤病赴医院者，路人皆乐为扶舆；至则医师裹创施药，自朝至夜半未尝倦。其得人心如此！

章炳麟曰：自民国初元至今，将帅勇于内争，怯于御外。民闻兵至，如避寇仇。今十九路军赫然与强敌争命，民之爱之，固其所也。余闻冯玉祥所部，长技与十九路军多相似，使其应敌，亦足以制胜。惜乎以内争散亡矣，统军者慎之哉！

民国二十一年二月十七日，章炳麟书。(《文录续编》卷六)

我们又读《十九路军死难将士公墓表》，知道先生期望全面抗战是何等的殷切，其文如下：

民国二十一年一月，倭寇上海，十九路军总指挥蒋光鼐、军长蔡廷锴不及俟命，率所部二万人迎击，倭大创。增援者再，战几四十日，寇死五六千人，我军死伤亦称是。功虽未就，自中国与海外诸国战斗以来，未有杀敌致果如是役者也。

十九路军所部多广东子弟，死即槁葬上海，不得返其故。二十二年九月，度地广州黄华冈之南，以为公墓，迁而堋之。黄华冈者，清末志士倡义死葬其地者也。以二十一年上海之役相比，功足相副。

昔明遗臣张煌言死难，遗言立墓岳、于二公间，盖生以毅烈相附，死以茔兆相连，其义固然。今之迁葬，非徒饰美观，侈功伐，亦欲推其事类,以兴来者。自黄华冈事讫,仅半载,武昌倡义,卒以仆清,固其气足以震荡之。后之继十九路军而成大业者,其必如武昌倡义故事,以加于倭,然后前者为不徒死尔。盖功大者不赏,业盛者不能以笔札称扬。故略举死者之事,以俟后之终之者。

中华民国二十二年十月,余杭章炳麟撰并书。(《文录续编》卷六)

先生这些文字的感召力极强,所以没后只一年,伟大神圣的全面抗战果然开始了。假使先生还健在的话,该是多么兴奋呢!该还有许多篇雄文,写我民族怒吼之声,永垂不朽呢!

第二十二节　先生的日常生活

饮食起居

同门王基乾，于章先生的晚年生活，知之甚稔。寿裳因请其写一文，俾实本节，兹录之如下：

章先生是怎样一个人，世所共知，本文只就先生的日常生活略为介绍：先生是一个赋性恢弘而有远略的人，他论政、论学，固然头头是道；但对于一些细微末节，甚至自己的饮食起居，却又毫不经意。他晚年寓居上海，后因事到苏州，有人劝他就在苏州住家，并且介绍他买一所房子。那所房子在侍其巷，只有前面一重是楼房，院子里栽了几棵树。他走去一看，就很满意说："还有楼！"看见树又说："还有树！"后面也不再看，就和人家议价。人家看他这样满意，向他索一万五千元。这在当时已是超过时价很多，本有还价的余地。不料先生非但不还价，竟付出一万七千元成交。等到章夫人晓得赶来看时，一切手续业已办妥，房子竟不能住！要卖，原价已经很高，绝对卖不出，租也租不上价。结果只有空着，雇人看守，另在锦帆路筑一新屋。

先生生平除嗜吸纸烟外，对于饮食别无专好。章夫人是信佛茹素的，禁食一切肉类；因为要维持先生的健康，案上也常常设鸡。但先生却从不下箸，只食面前菜蔬。后来有人建议，把鸡肉放在先生面前，从此即见先生专以鸡肉佐餐了。这件事说来很奇怪，但也不是绝无仅有。宋朱弁《曲洧旧闻》说："荆公又为执政，或言其喜食獐脯者。其夫人闻而疑之曰：'公平日未尝有择于饮食，何忽独嗜此？'因令问左右执事者曰：'何以知公之嗜獐脯耶？'曰：'每食不顾他物，而獐脯独尽，是以知之。'复问：'食时置獐脯何所？'曰：'在近匕箸处。'夫人曰：'明日姑易他物近匕箸。'既而果他物尽，而獐脯固在。而后人知特以其近故食之，而初非有所嗜也。……"据此即可看出一代伟人用功之深，精神有所专注，因此无暇顾及饮食。人家骂王安石虚伪，不近人情；以先生之事例之，可见也并不尽然。

前段曾经说过,先生对于饮食别无专好,独嗜吸纸烟。他并不讲究好牌子,是纸烟就行。不过一经吸着,决不止一支。尤其是当讲学或和人谈天,总是一支接着一支,未尝去手。这时只见室中烟雾纷披,而先生神采方旺,谈锋更健。因为谈天也是先生乐事之一,只要有人触其机锋,话头便源源而出了。

先生素知医,于《伤寒论》尤有研究,间为人开方治病,也都能奏效。但关于自己的卫生,却又异常忽略。有时夫人劝他注意营养,多进补品如鸡蛋之类。先生听了,每每把夫人的话重述一遍,好像是闻所未闻。

先生更不从事运动,因此连走路似乎都很吃力。但如跟随他的人上前去搀扶,先生必极力挣脱,拂袖而去。由这一点,也可看出先生独立自由的精神。

先生对于金钱,简直可以说是视若无物,如前段所提的买房子就是一例。在别人看起来,他是受了欺,上了当,其实先生自己何尝有丝毫容心。不过先生的性情是叫人摸不着的,有时家里零用他都要管,甚至买一刀草纸,也得直接向他领钱。

精神生活

先生读破万卷,著述等身。但藏书并不多,更不讲究版本。一部《十三经注疏》,只是普通的石印本,因为翻阅次数太多的缘故,已变成活叶。有一次为学生讲尚书,稍一不小心,书竟作蝴蝶飞,散落满地,引得哄堂大笑,而先生仍言谈自若,绝不在意。

先生的书名也不小,求书的人自然很多。他的书法自成一家,篆和行草都有一种面目。人家只要得到他的片纸只字,都视若拱璧,什袭珍藏;倒是先生本人,反不怎样满意自己的作品。往往一幅写成,看了一下,即放在废纸之列。这可给了他侍役一个赚钱的机会,竟串通一家装裱店,专窃这种字,印上先生的图章,装裱后估卖与人,得钱两人朋分。先生初不在意,一直经过很长的时间才发觉,因此他想出一个防弊的方法:就是把写来不要的字一律扯破,塞在字纸篓里,图章也从侍役手中收回,以为这样总是一个稳妥的办法了。但是他却忘了,作弊是我国人的"特性":有一种人会防弊,也就有一种人会舞弊。在这以后,完整的纸固不易得,扯破的字装裱起来,还不是一样?至于图章,在先生用了多次以后,反正是要交给侍役洗的,这可又给了侍役一个盖章的机会。

先生晚年除著书讲学外,也常常做点应酬文字,大概不外是书文题跋和碑铭之类。一篇墓志铭或墓表,人家通常送他一千元到二千元。但他做文章,并不就以金钱为准。据说有一个纱厂的主人,想请他做一篇表扬祖上的文字,送他万元作为润笔。他却极力拒绝,一字也不肯写。反之,他替黎黄陂做了一篇洋洋的巨文,又一钱不受。因为先生是最重感情的,他于当代人物,除孙公外,惟于黄陂有知遇之感,所以替黄陂做文章,认为是应尽的义务。

因为先生享有当代大名,所以常常接到一些不相干的信,或是同他讨论某种问题,或只是恭维他。那班替先生办笔札的人,对于这些信,往往置之不理。但先生以为人家既有信来,总得回答,免使人家失望。因此这些被弃置的信,反是先生亲笔答复。(以上是录王基乾的《章先生逸事》)

第二十三节 "学而不厌·诲人不倦"

苏州讲学

章先生光复中华,振兴学术,功业虽成而精力弥瘁。民国七年以后,知植党无益,一切泊然。晚年见当世更无可为,乃退而讲学于苏州。王基乾《忆余杭先生》文中,言其扶病讲学,直至弥留时的情形甚详。兹摘录如下:

>……先生虽衰老,然于讲学则未忍稍苟。初,先生患鼻衄,中央以先生功在国家,特赠予万元,以为医药资。先生初不欲,既受之,则以此款为人民血汗所出,不欲用诸个人,因复成立国学讲习会于苏州寓庐,冠章氏二字,距初在东京讲学时,盖已二十有八年矣。先生讲学,周凡三次,连堂二小时,不少止;复听人质疑,以资启发;不足,则按日约同人数辈至其私室,恣意谈论,即细至书法之微,亦无不倾诚以告,初不计问题之洪纤也。二十五年夏,先生授《尚书》既蒇事,距暑期已近,先生仍以余时为足惜,复加授《说文》部首,以为假前可毕也。顾是时先生病续发,益以连堂之故,辄气喘。夫人因属基乾辈,于前一时之末,鸣铃为号,相牵出室外。先生见无人倾听,可略止。然余时未满,诸人复陆续就座。先生见室中有人,则更肆其悬河之口矣。以此先生病弥甚。忆最后一次讲论,其日已未能进食,距其卒尚不及十日。而遗著《古文尚书拾遗定本》,亦临危前所手定。先生教学如此,晚近真罕有其匹也。
>
>先生病发逾月,卒前数日,虽喘甚不食,犹执卷临坛,勉为讲论。夫人止之,则谓"饭可不食,书仍要讲"。呜呼!其言若此,其心至悲。凡我同游,能无泪下?

"哲人其萎"·国葬

国丧典刑,"哲人其萎",民国二十五年六月十四日,先生逝世。寿裳在北平,闻"梦奠"之耗,不胜哀痛!曾于北平追悼会中,致开会辞,大意是说章先生之殁,举国同悲。但是我们今天在北平开会追悼,特别地加倍地来得悲哀!因为现在北平成为前线了!回念先生绸缪国是,每每不幸而言中。自民国元年,先生力主北都,以为辽东靠近强邻,易被觊觎;如果都城在南,控制必有所不及。到了国民革命军底定全国,奠都南京,东北虽改树国旗,仍旧自为风气,而先生昔日之言,渐不为人所称道。哪知道民国二十年九月十八之变,一朝而失三省,热河继陷,北平成为前线了。寿裳并集遗著,撰挽联云:

> 内之颉籀儒墨之文,外之玄奘义净之术,专志精微,穷研训故;
> 上无政党猥贱之操,下作懦夫奋矜之气,首正大义,截断众流。

上联首二句,出于《瑞安孙先生伤辞》,次二句《菿汉微言》;下联首二句《答铁铮》,次二句《与王揖唐书》。上联是指国学大师,下联是指革命元勋。以先生之德业巍巍,文章炳炳,原非数十个字所能形容,不过轮廓依稀在是而已。

国民政府闻丧震悼,崇礼宿儒,明令褒扬,特予国葬。令文是:

> 国民政府令　二十五年七月九日
> 　　宿儒章炳麟,性行耿介,学问渊通。早岁以文字提倡民族革命,身遭幽系,义无屈挠。嗣后抗拒帝制,奔走护法,备尝艰险,弥著坚贞。居恒研精经术,抉奥钩玄;究其诣极,有逾往哲。所至以讲学为事,蔚然儒宗,士林推重。兹闻溘逝,轸惜实深!应即依照国葬法,特予国葬。生平事迹存备宣付史馆。用示国家崇体耆宿之至意。此令!

附录一

著作简表

章氏丛书

《春秋左氏读叙录》一卷
《刘子政左氏说》一卷
《文始》九卷
《新方言》十一卷　附《岭外三州语》一卷
《小学答问》一卷
《说文部首均语》一卷
《庄子解故》一卷
《管子余义》一卷
《齐物论释》一卷
《齐物论释重定本》一卷
《国故论衡》三卷
《检论》九卷（此书系增删《訄书》而成。）
《太炎文录初编》五卷　《补编》一卷
《菿汉微言》一卷

章氏丛书续编

《广论语骈枝》一卷

《体撰录》一卷

《太史公古文尚书说》一卷

《古文尚书拾遗》二卷

《春秋左氏疑义答问》五卷

《新出三体石经考》一卷

《菿汉昌言》六卷

章氏丛书三编 章氏国学讲习会编印

《太炎文录续编》七卷

《清建国别记》（此书另有手定本，待刊。）

《自述学术次第》（此为先生手稿，作于民国二年，由《制言》第二十五期纪念专号刊出。）

《自定年谱》（自伪清同治七年一岁起，至民十一年五十五岁止，此后未能写定。）

《古文尚书拾遗定本》

其他遗著尚多，待刊。

附录二

关于太炎先生二三事

鲁迅

　　前一些时,上海的官绅为太炎先生开追悼会,赴会者不满百人,遂在寂寞中闭幕,于是有人慨叹,以为青年们对于本国的学者,竟不如对于外国的高尔基的热诚。这慨叹其实是不得当的。官绅集会,一向为小民所不敢到;况且高尔基是战斗的作家,太炎先生虽先前也以革命家现身,后来却退居于宁静的学者,用自己所手造的和别人所帮造的墙,和时代隔绝了。纪念者自然有人,但也许将为大多数所忘却。

　　我以为先生的业绩,留在革命史上的,实在比在学术史上还要大。回忆三十余年之前,木板的《訄书》已经出版了,我读不断,当然也看不懂,恐怕那时的青年,这样的多得很。我知道中国有太炎先生,并非因为他的经学和小学,是为了他驳斥康有为和作邹容的《革命军》序,竟被监禁于上海的西牢。那时留学日本的浙籍学生,正办杂志《浙江潮》,其中即载有先生狱中所作诗,却并不难懂。这使我感动,也至今并没有忘记,现在抄两首在下面——

狱中赠邹容

邹容吾小弟,被发下瀛洲。快剪刀除辫,干牛肉作糇。
英雄一入狱,天地亦悲秋。临命须掺手,乾坤只两头。

狱中闻沈禹希见杀

不见沈生久，江湖知隐沦。萧萧悲壮士，今在易京门。
螭魅羞争焰，文章总断魂。中阴当待我，南北几新坟。

一九〇六年六月出狱，即日东渡，到了东京，不久就主持《民报》。我爱看这《民报》，但并非为了先生的文笔古奥，索解为难，或说佛法，谈"俱分进化"，是为了他和主张保皇的梁启超斗争，和"××"的×××斗争[1]，和"以《红楼梦》为成佛之要道"的×××斗争[2]，真是所向披靡，令人神往。前去听讲也在这时候，但又并非因为他是学者，却为了他是有学问的革命家，所以直到现在，先生的音容笑貌，还在目前，而所讲的《说文解字》，却一句也不记得了。

民国元年革命后，先生的所志已达，该可以大有作为了，然而还是不得志。这也是和高尔基的生受崇敬，死备哀荣，截然两样的。我以为两人遭遇的所以不同，其原因乃在高尔基先前的理想，后来都成为事实，他的一身，就是大众的一体，喜怒哀乐，无不相通；而先生则排满之志虽伸，但视为最紧要的"第一是用宗教发起信心，增进国民的道德；第二是用国粹激动种性，增进爱国的热肠"（见《民报》第六本），却仅止于高妙的幻想；不久而袁世凯又攘夺国柄，以遂私图，就更使先生失却实地，仅垂空文，至于今，惟我们的"中华民国"之称，尚系发源于先生的《中华民国解》（最先亦见《民报》），为巨大的纪念而已，然而知道这一重公案者，恐怕也已经不多了。既离民众，渐入颓唐，后来的参与投壶，接收馈赠，遂每为论者所不满，但这也不过白圭之玷，并非晚节不终。考其生平，以大勋章作扇坠，临总统府之门，大诟袁世凯的包藏祸心者，并世无第二人；七被追捕，三入牢狱，而革命之志，

---

[1] 据《鲁迅全集》注释，"××"疑为"献策"二字，×××指吴稚晖。吴稚晖（名敬恒）曾参加《苏报》工作，在《苏报》案中有叛卖行为。

[2] 据《鲁迅全集》注释，"×××"指蓝公武。蓝公武，（1887—1957），江苏吴江人。早年留学日本和德国。曾任《国民公报》社长、《时事新报》总编辑等职。又章太炎函中所说的"贵报"，指当时蓝公武与张东荪主办的在日本发行的《教育杂志》。

终不屈挠者,并世亦无第二人:这才是先哲的精神,后生的楷范。近有文侩,勾结小报,竟也作文奚落先生以自鸣得意,真可谓"小人不欲成人之美",而且"蚍蜉撼大树,可笑不自量"了!

  但革命之后,先生亦渐为昭示后世计,自藏其锋芒。浙江所刻的《章氏丛书》,是出于手定的,大约以为驳难攻讦,至于忿詈,有违古之儒风,足以贻讥多士的罢,先前的见于期刊的斗争的文章,竟多被刊落,上文所引的诗两首,亦不见于《诗录》中。一九三三年刻《章氏丛书续编》于北平,所收不多,而更纯谨,且不取旧作,当然也无斗争之作,先生遂身衣学术的华衮,粹然成为儒宗,执贽愿为弟子者綦众,至于仓皇制《同门录》成册。近阅日报,有保护版权的广告,有三续丛书的记事,可见又将有遗著出版了,但补入先前战斗的文章与否,却无从知道。战斗的文章,乃是先生一生中最大,最久的业绩,假使未备,我以为是应该一一辑录,校印,使先生和后生相印,活在战斗者的心中的。然而此时此际,恐怕也未必能如所望罢,呜呼!

十月九日

纪念先师章太炎先生

许寿裳

先师章先生是革命大家，同时是国学大师，其阶位卓绝，非仅功济生民而已，前世纪之末，士大夫或言变法，或言立宪，议论纷纷，淆乱民听，自先师以历史民族之义提倡光复，"首正大义，截断众流"，百折不挠，九死无悔，而后士民感慕，翕然从风，其于民国，艰难缔造，实为元功。

> 清失其鹿，民国肇兴。虽兵不血刃，百日而成，追惟事前经营之力，所以摩荡人心者，盖十有余年矣。炳麟不佞，始以历史民族之义提倡光复。时前总统孙公屏居日本，交游素寡，初与定交，同谋匡济。既而文字兴祸，絷于上海，海内为之激昂，幸得不死，东抵江户。以天之灵，黄农虞夏之佑我子孙，腾书驰说，不为四百兆人遐弃，内外喁喁，延颈望义。逮乎辛亥，大义举于武昌，十有四省，应如反掌。夫惟历史民族之义，足以为全国斗杓，故举兵不为犯顺，推亡不为篡盗。……（民国三年《致袁世凯书》）

至于先师学术之大，前无古人，以朴学立根基，以玄学致广大。批判文化，独具慧眼，凡古近政俗之消息，社会都野之情状，华梵圣哲之义谛，东西学人之所说，莫不察其利病，识其流变，观其会通，穷其指归。"千载之秘，睹于一曙。"

> 庄生之玄，荀卿之名，刘歆之史，仲长统之政，诸葛亮之治，陆逊之谏，管宁之节，张机、范汪之医；终身以为师资。
>
> ……自揣平生学术，始则转俗成真，终乃回真向俗，世固有见谛转胜者邪。后生可畏，安敢质言。秦汉以来，依违于彼是之间，局促于一曲之内，盖未尝睹是也。乃若昔人所谓，专志精微，反致陆沈，穷研训诂，遂成无用者，余虽无腆，固足以雪斯耻。"（《菿汉微言》）

观此三段引文，语语核实，而先师之神解聪察，丰功伟绩，已可窥见一斑。若其闳眇之旨，精微之言，著于简策，长留天地，固非浅学如我者所宜妄赞也。今就于己有关者数事，约略述之，以存纪念。

我生也晚，民元前十一年（一九〇一），始由宋平子（名恕，后更名衡。）师得闻先师之大名。时宋师掌教杭州求是书院，其教法迥异恒常，"取法象山，限规不立，经史子集，任择从事"。对于先师之排满论，宋师阳为反对，阴实赞同，尝曰："枚叔文章，天下第一。"盖先师别号初为枚叔也。我此后得读《正仇满论》及改定本《訄书》，实由宋师启之，《訄书》当初多未了解，首受感动者，仅仅在《订文》之附录及《哀焚书》至《解辫发》数篇而已。《解辫发》有云：

> ……共和二千七百四十一年，秋七月，余年三十三矣。是时满洲政府不道，戕虐朝士，横挑强邻，戮使略贾，四维交攻，愤东胡之无状，汉族之不得职，陨涕涔涔曰：余年已立，而犹被戎狄之服，不违咫尺，弗能翦除，余之罪也。将荐绅束发，以复近古，日既不给，衣又不可得。于是曰："昔祁班孙，释隐玄，皆以明氏遗老，断发以殁。"《春秋谷梁传》曰："吴祝发。"《汉书·严助传》曰："越劗发。"（晋灼曰："劗，张揖以为古翦字也。"）余故吴越间民，去之亦犹行古之道也。……

翦辫变夷，所关非浅，故亦必考据凿凿。全文在先师手订《检论》时已经删去。《訄书》之外，如《中夏亡国二百四十二年纪念会书》《驳康有为论革命书》等，皆我所百读不厌者。

民元前九年（一九〇三），以《驳康有为论革命书》有云："载湉小丑，未辨菽麦。"又尝为邹容所著《革命军》作序，先师遂与邹容俱被逮。时我在东京编辑《浙江潮》，常从蒋观云先生处，藉知先师狱中状况。一日，观云以先师狱中书视我，书后附写近作诗四首，我求抄以实《浙江潮》，观云即裁下予之。此我得观先师墨迹之始。原纸至今藏在行箧，弥可珍贵。诗录如下：

狱中赠邹容　闰月二十八日

邹容吾小弟，被发下瀛洲。
快剪刀除辫，干牛肉作粮。
英雄一入狱，天地亦悲秋。
临命须掺手，乾坤只两头。

狱中闻沈禹希见杀　六月十二日

不见沈生久，江湖知隐沦。
萧萧悲壮士，今在易京门。
螭魅羞争焰，文章总断魂。
中阴当待我，南北几新坟。

狱中闻湘人杨度被捕有感二首　六月十八日

神狐善埋脅，高鸟喜回翔。
保种平生愿，征科绝命方。
马肝原识味，牛鼎未忘香。
千载《湘军志》，浮名是锁缰。

衡岳无人地，吾师洪大全。
中兴诸将，永夜遂沈眠。
长策惟干禄，微言是借权。
藉君好颈子，来者一停鞭。

民元前六年（一九〇六）阳历六月二十九日，先师出狱，即日东渡至东京，发长过肩，肌体颇腴。闻因狱中食物无盐之故。七月十五日，留东学生在神田区锦辉馆开会欢迎，先师即席演说，其大意首述自己平生历史，次以涵养感情两事勉励大众：（一）用宗教发起信心，增进国民的道德。（二）用国粹激动种性，增进爱国的热肠。此我亲接先师音容之始。现将演说摘录数段于下：

> 兄弟少小的时候，因读蒋氏《东华录》，其中有戴名世、曾静、查嗣庭诸人的案件，便就胸中发愤，觉得异种乱华是我们心里第一恨事。后来读郑所南、王船山两先生的书，全是那些保卫汉种的话，民族思想，渐渐发达。但两先生的话，却没有甚么学理。自从甲午以后，略看东西各国的书籍，才有学理收拾进来。当时对着朋友，说这逐满独立的话，总是摇头，也有说是疯癫的，也有说是叛逆的，也有说是自取杀身之祸的。但兄弟是凭他说个疯癫，我还守我疯癫的念头。……大凡非常可怪的议论，不是神经病人，断不能想，就能想也不敢说，说了以后，遇着艰难困苦的时候，不是神经病人，断不能百折不回，孤行己意。所以古来有大学问，成大事业的，必得有神经病才能做到。……近来有人传说：某某是有神经病，某某也是有神经病，兄弟看来，不怕有神经病，只怕富贵利禄当面现前的时候，那神经病立刻好了，这才是要不得呢！略高一点的人，富贵利禄的补剂，虽不能治他的神经病，那艰难困苦的毒剂，还是可以治得的。这总是脚跟不稳，不能成就甚么气候。兄弟尝这毒剂是最多的，算来自戊戌年以后，已有七次查拿，六次都拿不到，到第七次方才拿到。以前三次，或因别事株连，或是捕拿新党，不专为我一人。后来四次，却都为逐满独立的事。但兄弟在这艰难困苦的盘涡里头，并没有一丝一毫的懊悔，凭你甚么毒剂，这神经病总治不好。或者诸君推重，也未必不由于此。若有人说，假如人人有神经病，办事必定督乱，怎得有个条理？但兄弟所说的神经病，并不是粗豪卤莽，乱打乱跳，要把那细针密缕的思想，装载在神经病里。譬如思想是个货物，神经病是个汽船。没有思想，空空洞洞的神经病必无实济，没有神经病，这思想可能自动的么？以上所说，是略讲兄弟平生的历史。

至于近日办事的方法，一切政治、法律、战术等项，这都是诸君已经研究的，不必提起。依兄弟看：第一要在感情。没有感情，凭你有百千万亿的拿破仑、华盛顿，总是人各一心，不能团结。当初柏拉图说："人的感情，原是一种醉病。"这仍是归于神经病了。要成就这感情，有两件事最是紧要的：第一是用宗教发起信心，增进国民的道德。第二是用国粹激动种性，增进爱国的热肠。

先说宗教……孔教、基督教既然必不可用，究竟用何教呢？我们中国本称为佛教国，佛教的理论，使上智人不能不信，佛教的戒律，使下愚人不能不信，通彻上下，这是最可用的。但今日通行的佛教，也有许多的杂质，与他本教不同，必须设法改良，才可用得。……我们今日要用华严法相二宗改良旧法。这华严宗所说，要在普度众生，头、目、脑髓都可施舍与人，在道德上最为有益。这法相宗所说，就是万法惟心，一切有形的色相，无形的法尘，总是幻见幻想，并非实在真有。……有的说佛教看一切众生，皆是平等，就不应生民族思想，也不应说逐满复汉，殊不晓得佛教最重平等，所以妨碍平等的东西必要除去。满洲政府待我汉人种种不平，岂不应该攘逐？且如婆罗门教分出四姓阶级，在佛教中最所痛恨。如今清人待我汉人，比那刹帝利种虐待首陀更要利害十倍。照佛教说，逐满复汉，正是分内的事。又且佛教最恨君权。大乘戒律都说："国王暴虐，菩萨有权，应当废黜。"又说"杀了一人，能救众人，这就是菩萨行"。其余经论，王、贼两项都是并举。所以佛是王子，出家为僧，他看做王就与做贼一样，这更与恢复民权的话相合。所以提倡佛教，为社会道德上起见，固是最要；为我们革命军的道德上起见，亦是最要。总望诸君同发大愿，勇猛无畏，我们所最热心的事，就可以干得起来了。

次说国粹。为甚提倡国粹？不是要人尊信孔教，只是要人爱惜我们汉种的历史。这个历史是就广义说的，其中可以分为三项：一是语言文字；二是典章制度；三是人物事迹。

....

第三要说人物事迹。中国人物，那建功立业的，各有功罪，自不必说。但那俊伟刚严的气魄，我们不可不追步后尘。与其学步欧、美，总是不能像的，何如学步中国旧人，还是本来面目。其中最可崇拜的有两个人：一是晋末受禅的刘裕，一是南宋伐金的岳飞，都是用南方兵士，打胜胡人，可使我们壮气。至于学问上的人物，这就多了，中国科学不兴，唯有哲学，就不能甘居人下。但是程、朱、陆、王的哲学，却也无甚关系，最有学问的人就是周、秦诸子……近代还有一人，这便是徽州休宁县人，姓戴名震，称为东原先生。他虽专讲儒教，却是不服宋儒，常说："法律杀人，还是可救，理学杀人便无可救。"因这位东原先生，生在满洲雍正之末，那满洲雍正所作朱批上谕，责备臣下，并不用法律上的说话，总说："你的天良何在？你自己问心可以无愧的么？"只这几句宋儒理学的话，就可以任意杀人。世人总说雍正待人最为酷虐，却不晓是理学助成的。因此，那个东原先生，痛哭流涕，做了一本小小册子。他的书上，并没有明骂满洲，但看见他这本书，没有不深恨满洲。这一件事，恐怕诸君不甚明了，特为提出。照前所说，若要增进爱国的热肠，一切功业学问上的人物，须选择几个出来，时常放在心里，这是最紧要的。就是没有相干的人，古事、古迹都可以动人爱国的心思。当初顾亭林要排斥满洲，却无兵力，就到各处去访那古碑、古碣传示后人，也是此意。……

此演说录，洋洋洒洒，长六千言，是一篇最警辟有价值之救国文字，全文曾登《民报》第六号。而《太炎文录》中未见收入，故特地多抄一些如上。现在中国虽称民国，而外侮益亟，民气日衰，一般国民之怯懦浮华，猥贱诈伪，视清末或且加甚，自非一面提倡佛教，"以勇猛无畏治怯懦心，以头陀净行治浮华心，以惟我独尊治猥贱心，以力戒诳语治诈伪心"（先师《答梦庵书》中语，见《民报》第二十一号），一面尊重历史，整理国故，其不善者改良之，善者顶礼膜拜之，以养成民族的自信力，前路茫茫，何能有济？

民元前四年（一九〇八），我始偕朱蓬仙（宗莱），龚未生（宝铨），朱遏先（希祖），钱中季（夏，今更名玄同，名号一致），周豫才（树人），启明（作人），昆仲，钱均夫（家治），前往受业。每星期日清晨，步至牛达区新小川町二丁目八番地先师寓所，在一间陋室之内，师生席地而坐，环一小几。先师讲段氏《说文解字注》、郝氏《尔雅义疏》等，精力过人，逐字讲解，滔滔不绝，或则阐明语原，或则推见本字，或则旁证以各处方言，以故新谊创见，层出不穷。即有时随便谈天，亦复诙谐间作，妙语解颐，自八时至正午，历四小时毫无休息，真所谓"默而识之，学而不厌，诲人不倦"。其《新方言》及《小学答问》二书，皆于此时著成，即其体大思精之《文始》，初稿亦权舆于此。"……讨其类物，比其声均。音义相雠，谓之变易，义自音衍，谓之孳乳。坒而次之，得五六千名，虽未达神恉，多所缺遗，意者形体声类，更相扶胥，异于偏旖之议。若夫卤㡿同语，㘚橫一文，天即为颠，语本于囟；臣即为牵，义通于玄。屮出耑望里，同种而禅；孔巨父互，连理而发。斯盖先哲之所未谕，守文者之所痴劳。亦以见仓颉初载，规摹宏远，转注叚借，具于泰初。……"（《文始叙例》）凡所诠释，"形音义三，皆得俞脉"，豁然贯通，此先师语言文字学之成就，所以超轶清代诸儒。惜我听讲时间既短，所得又极微，次年三月，便因事告归耳。

民元前一年（一九一一），武昌起义后，先师归国，时发谠言，至民国三年，被袁世凯幽禁，愤而绝粒者二次，各至十余日，如曩昔之在西牢，后以爱女北来，又经友人及弟子环吁床前，始渐复食，其后见洪宪之逆谋渐著，益深痛恨。因生平于印度之中兴，期望至切，见诸文字者甚多，如云："……昔我皇汉刘氏之衰，儒术堕废，民德日薄，赖佛教入而持世，民复挚醇，以启有唐之盛。讫宋世佛教转微，人心亦日苟偷，为外族并兼勿能脱。如印度所以顾复我诸夏者，其德岂有量耶？臭味相同，虽异族，有兄弟之好。……印度自被蒙古侵略，至今财（才）六百岁，其亡国不如希腊、罗马之阔远。振其旧德，辅以近世政治社会之法，谁谓印度不再兴者！……"（《送印度钵逻罕、保什二君序》）又云："东方文明之国，荦荦大者，独吾与印度耳。言其亲也，则如肺腑，察其势也，则若辅车，不相互抱持而起，终无以屏蔽亚洲。……"（《印度中兴之望》）五年三月，先师决意出游梵土，赐书命我设法，我便就商于有力者某，托其进言，竟未有成，至今耿耿。其书录于下方：

季黻足下：

数旬不觏，人事变幻，闻伯唐辈亦已蜇遁。今之政局，固非去秋所可同喻，羁滞幽都，我生靡乐，而栋折榱崩，咎不在我；经纶草昧，特有异人。于此两端，无劳深论。若云师法段干，偃息藩魏，虽有其术，固无其时也。今兹一去，想当事又有遮碍，晓以实情，当能解其忧疑耶。梵土旧多同志，自在江户，已有西游之约，于时从事光复，未及践言。纪元以来，尚以中土可得振起，未欲远离也。迩者时会倾移，势在不救，旧时讲学，亦为当事所嫉。至于老、庄玄理，虽有纂述，而实未与学子深谈，以此土无可与语耳。必索解人，非远在大秦，则当近在印度。兼寻释迦、六师遗绪，则于印度尤宜。以维摩居士之身，效慈恩法师之事，质之当事，应无所疑。彼土旧游，如钵逻罕、鲍什诸君，今尚无恙，士气腾上，愈于昔时远甚。此则仆所乐游也。兹事既难直陈当事，足下于彼，为求一纳牖者，容或有效。若以他事为疑，棋已终局，同归于尽可知矣。又安用疑人为？此问起居康健。

章炳麟白
二十三日

近年，先师讲学苏州，门徒大盛，我欲得有机会，重坐春风。却因奔走南北，未遑登门，而今已矣！宋师前卒于民元前二年（一九一〇），先师哀其"怫郁以终"，又谓"……文辞多刺当世得失，常闭置竹笼中……其轶特魁垒之气，没世不可忘也"（《检论·对二宋》）。今年六月十四日先师又遽捐馆舍。国丧典刑，吾将安仰？"学术既亡，华实薉剥"，呜呼哀哉！

二十五年八月十四日

章太炎先生在狱佚闻录

张篁溪

余杭章太炎先生庚辛之际以文字鼓吹革命，功勋至伟。当辛亥前，言革命者有二途，软弱者与君主立宪相混，激烈者，流入自由散漫之谬谈。自先生在《苏报》刊布言论，使此两种思想，始归于纯粹，先生亦因是以入狱。洎出狱后，遂至东京，欢迎者，五六千人，其为世所推服如此。辛亥九月归国，余与晤谈往事，援笔记之，用备他年修革命史时之参考。

前清光绪二十九年癸卯五月，先生在上海爱国学社被逮，先是湖南陈范办《苏报》，大声倡革命，无所讳。蔡孑民办爱国学社，与群弟子，大声讲革命，四出演说，亦无所讳。适先生在《苏报》发表复康先生书，于是官场乃发难。在未被逮先数日，先生已先得消息，未几《苏报》被封，陈范逃。蔡孑民与先生议，谓舍走无他法。孑民出走，先生独留沪观变，遂被逮。

被逮后，拘至会审公堂，英领事出先生所作复康书，问先生此书是你作的不是，先生答是，遂送至英捕房，不准出。先生住捕房十个月，甚闷。某日会审公堂，忽传先生，谓上海道有文书来，北京外务部，与各公使会议，定监禁西牢三年，是夕移入狱。先生谓此事真奇，外部掌外交，民刑事自有主管衙门，定罪乃烦外部，判定中国人事，乃烦外国公使判决，真奇。

先生在狱他无所苦，惟不准与人接谈。附耳一二语，尚可，多则巡捕来干涉。在狱中不许可读书，有时向主者要求，间亦可得旧书，惟洋装书不许入狱。

在狱中无从得笔墨，故无从作字。然欲作家书时，或写信与朋友时，亦能要求得之，写好，须交主者阅过，乃肯代递。

先生在狱，罚做裁缝，缝袜底，亦有时缝衣裳，所缝者为犯人所着之衣，草草缝去，不能工也。此等衣服，为粗布单衣单裤，犯人着之，先生亦着之。此外在狱中工作，尚有多种，如击石子为最苦，大抵牢中派事，亦视其人之能胜与否而任之，商人多派粗工，老犯人又欺侮之，故商人最苦。先生所做皆轻工，盖已在优待之列矣。先生担任者二，缝袜底一也，犯人衣上，编号写字二也。最后先生升一美缺，曰烧饭。

烧饭一缺，牢中人以为甚美，厨房派八犯人，各司其事，混言之曰烧饭，先生职实称饭也，每犯每顿各得饭重一磅，一律无多少，惟烧饭者之权利，可偷饭，先生之权利亦然，故先生此缺，他犯人皆极羡之。

牢中时间有限制，每日做工八小时，做工多少无限制，先生缝衣写字，任随多少，未尝限也。在狱中，每星期日有肉吃，非星期日吃素菜。牢中星期日停工，各犯得稍稍游行，惟有巡捕监视之。星期日必有教士来讲道，劝犯人改过。有数教士，涉。先生在狱中，有不相识之西人，亦时来视。

犯人入牢时，换犯人衣，原有衣服，悉使脱去，有人代为收藏，俟出狱时，给还，此事多有笑话。有冬月入狱，复月释出者，脱去犯人衣，仍着皮袍而出。犯人衣分冬夏两副，一副单衫单裤，一副棉袄棉裤，皆粗布为之，三月底一律脱去棉衣，着单衣，九月底一律脱去单衣着棉衣，此时最苦体弱者，中寒成病，或竟死，邹容亦死于此牢中。

计狱中五百人，每年死者约百人，比牢外人死较多。每犯一室，室深八尺，广四尺，廊外装电灯，衣服居处，还算洁净，卧无被褥，每犯各线毯一条。每日用餐麦六分米四分，初时粗粝难下咽，后亦习之。邹容下狱，与先生同时，又与先生同在一室缝衣。邹容与先生非素相识者，先生在上海时，邹容以作《革命军》一书来请先生改正，因是相识，先生谓文字当使人易解，此作尚好，故未为改也。邹容在牢时，容色甚悴，若疯若癫，夜不寐，大声骂人，先生问之，渠似不知，人谓渠有精神病。牢中每星期必有医生来察视，犯人有病，则为之治病，甚者由医报告，送入病院。邹容病急时，已许某日某时出狱矣，先一夕服医生药，遂死，故外间生疑，多谓遇毒。

先生在狱中无忧容，自谓忧亦无益。自邹容死，外论颇哗，因是先生颇受优待，或竟不敢毒害先生，亦未可知。然先生身体甚健，进药亦无因也。

在牢中三年，期满释出，先数日即送先生至捕房，先生定罪虽三年，然扣去捕牢十个月，实住牢中二十六月也。

先生之出狱也，在丙午五月，是月即东渡。方出狱时，官公学，公学之人，皆惴惴，且虑有害先生者，迫先生走，故先生留三日即去。此时孙中山曾遣人来迎，先生至日本东京，任《民报》笔墨事。《民报》为同盟会所设，胡汉民、汪精卫为主笔。方先生将出狱时，胡、汪先有书来招，故欣然往就。在《民报》约三年，其后《民报》为东京巡警总厅禁止出版。

《民报》之被禁也，以前清方遣唐绍仪赴美，时盛倡联美主义，日人忌之，借禁《民报》以为见好满清政府起见，亦未可知。但禁止毫无理由，竟诬以扰乱秩序，妨害治安，谓报中登有《革命之心理》一文故也（山西汤某所作）。不容置辩，遂传先生，适先生方出，及归，知有此事，即赴地方裁判厅起诉，彼邦辩护士五六辈，亦来相助。最后理胜，而事不胜，先生语裁判长曰，扰乱治安，必须有证，若谓我买手枪，我蓄刺客，或可谓扰乱治安。一笔一墨，几句文字，如何扰乱？厅长无言。先生又言，我之文字，或煽动人，或摇惑人，使生事端，害及地方，或可谓扰乱治安，若二三文人，假一题目，互相研究，满纸空言，何以谓之扰乱治安？厅长无言。先生继而又曰，吾言革命，吾革中国之命，非革贵国之命，吾之文字，即鼓动人，即煽惑人，煽惑中国人，非煽惑日本人，鼓动中国人，非鼓动日本人，于贵国之秩序何与？于贵国之治安何与？厅长无言。先生又言，言论自由，出版自由，文明国法律皆然，贵国亦然，吾何罪？吾言革命，吾本国不讳革命，汤武革命，应天顺人，吾国圣人之言也，故吾国法律，造反有罪，革命无罪，吾何罪？厅长无言。至最后开庭，彼仍判禁止出版数字，判后不容人辩，惟对先生曰，若不服者，可向上级官厅起诉，闻彼承内务省之命令，弗能违也。法政班居多数，日本人亦有来听者，先后有百数十人。先生所授以中国之小学及历史，此二者，乃中国独有之学，非共同之学。旋即归国矣。

我所见晚年的章炳麟（1868—1936）

左舜生

余于中国近代发起改革运动之名贤长德，尝以未得一见康南海与孙中山，引为生平憾事。二次大战巴黎和会结束后，梁任公归自欧洲，余曾偕友人王光祈君得一度晋谒梁先生于上海中国公学，并承先生期许甚至，勉励有加，至今感念不忘。民国二十年九一八事变爆发，余以友人之介，始得识章太炎先生，自是每周必一次或两次，造先生同孚路同福里寓庐，就国事向先生有所请益，历时凡两年有余，迄先生移家苏州讲学，始告中断。此实余生平亲受前辈教益最多之一时期。先生以二十五年病逝苏州，得年六十有九，其遗著《章氏丛书》及晚年之《太炎文录》，已非今日青年所能句读。兹记其逸事数则于后，以寄个人思慕之忱，抑或可资崇拜先生者之谈助也。

余对章先生之第一印象，觉其为一慈祥和蔼之老人，但仍步履康强，精神饱满，吾人平日想像中之"老师宿儒"，先生正其典型人物也。先生籍浙江余杭，谈话多杂土音，初听时，每苦不尽明晰，既久，则亦了无不懂之处。先生虽为一纯粹之学者，然喜谈政治，其于当代诸贤之身世及其与革命之关系，往往能详其始末，其褒贬亦颇异时流，惜余当时未存笔记，否则可供治现代史者之参考资料当不少也。

先生所居为一双开间之弄堂楼房，书房兼会客室，为楼上右手之一统厢房，开间颇大，但光线不佳，室内陈设，亦了无现代色彩，不失学者与初期革命家之本色也。

余每至先生处，恒在午后四五时左右，以其时余正在中华书局编辑所供职，每日必在午后四时始得下班也。时先生虽已届六十五岁之高龄，然能纵谈二三小时不倦。章夫人汤国梨女士，偶出点心饷客，为一种糯米所制之小饼，蒸食，黏性颇大，食之太甜，余见先生食之津津，亦不能不食之津津也。先生述一故事，往往枝叶扶疏，能使听者如亲接故事中之人物，躬履当时之境地，不愿听其中断，章夫人恐先生过劳，每一再催用晚膳，但先生不顾，余不待其辞毕，亦决不敢兴辞也。

先生嗜纸烟，往往一支尚余寸许，又燃一支，曾见其历三四小时不断。所吸以当时上海流行之美丽牌为常，偶得白金龙，即为珍品，盖先生为人书字初无润格，有欲得其翰墨者，大率即以纸烟若干听为酬，故能取之不尽，用之不竭。余初不嗜此，后在上海编日报半载，往往社论、短评及第一版新闻，均出余一人之手，且非看过大样以后，不敢离去编辑所，不吸烟实无以振刷精神，于是乃嗜之成癖。及为先生座上客，为时近三年，每至，先生必纵谈不断，吸烟不断；余则静听，亦吸之不断；余至今仍非每日四十支至五十支不能尽兴，盖与先生之一段因缘，不无关系也。

先生为人书字，以钟鼎为常，喜以一人牵纸，振笔疾书，一日，章夫人立先生后，指点某字不佳，先生回头笑谓夫人曰："你不懂得写字啰！"其实夫人雅擅诗文，字亦端秀，先生之为此语，足证其伉俪间雅兴不浅也。

民元，先生与夫人结婚上海，群弟子请先生与夫人即席赋诗，先生口占两绝，其一云："我身虽秭米，亦知天地宽，摄衣登高冈，招君云之端。"夫人以无此捷才辞，仅录旧作七律一首，亦娓娓可诵。此事载当时上海《民立报》，一时佳话也。

民国二次革命后，先生被袁世凯幽于北京之龙泉寺，忧愤欲死，曾有致其夫人家书两通，区处后事，中有涉及其身世及所学之处，辞旨严正而凄婉，令人不堪卒读。夫人亦有一书致袁，为先生请命，措辞不亢不卑，深得立言之体，其涉及与先生结合一层，有"结缡一年，誓共百岁"之语，殊足激动读者之同情，宜乎项城卒不敢冒天下之大不韪也。

余见先生有一七八龄之少子，为汤夫人所出，韶秀活泼，不类常儿。见先生常为人写字，亦自订一润格，张于楼下之壁间，有七言联一幅，皮球一个；单条一幅，火车头一个云云。一日，余在先生处晚餐，此聪慧之稚子，忽问先生曰："商务印书馆的百衲本二十四史还没有出齐吗？"先生笑颔之，余则殊讶其早熟。今此君殆三十许人矣，惜余不能举其名字，亦不知其近作何状也。

张敬尧在北京东交民巷为人所暗杀，先生作小诗一首以咏其事，诗曰："金丸一夜起交民，射杀湘东旧领军，为问长陵双石马，可知传法有沙门？"一日，余至先生处，先生作此诗正属稿甫就，并将第三句"试问"之"试"字涂去，改一"为"字。余问先生"沙门"何指，先生笑谓余曰："古人作诗亦往往有在可解不可解之间者，何必深问？"余亦一笑而罢。

"一·二八"之役，翁照垣以守吴淞得大名，当战事正酣之际，余往谒先生，请书数字赠翁以资鼓励，先生颔之。次日余往索，先生则出文一首，长约千余言，且亲笔以宣纸楷书，誉照垣甚至。余大喜进望，即持至中华印刷所，托余友袁聚英君制成珂罗版，印三百份，分寄全国各报馆。时天津《大公报》，即据余所赠，复制锌版，刊诸报端，于是照垣之名更大噪于南北。余友常燕生兄，读先生此文，乃继黄公度《聂将军歌》后作《翁将军歌》一首，长达数十韵，亦为时人所传诵。时余与照垣，初无一面之雅，后晤于上海，乃觉其人为一纯粹军人。近年闻其郁居港澳间，饱历世变，其修养或当有进境也。

宋哲元以大刀队在长城抗日，杀敌过当，国人颇壮其所为。一日薄暮，余走谒先生，先生正凭窗检阅地图。见余入，乃谓余曰："长城竟有这许多的口子？"余笑应之。私心自忖，先生于学所涉甚广，且生平崇拜著有《天下郡国利病书》之顾炎午（武），又曾一度任筹边，何独于长城诸关隘不甚了了耶？

先生曾以"江左夷吾"许宋遯初（教仁），及宋被狙击，梁任公亦于当时在上海出版之《大中华》杂志为文吊之，谓宋有政治家风度。盖梁、宋间在民国元年固曾有互相维系之要约，支持袁世凯以求得和平统一者也。惜宋能容袁，而袁不容宋，卒至造成民国二年之悲剧，而袁氏之败，亦以此一役发其端，赵秉钧辈妒贤害能之小人，诚不足齿也。

中山先生以十四年三月十二日在北平逝世，先生曾以一联挽之，风调实为当时挽孙诸联之冠，联曰："孙郎使天下三分，当魏德初萌，江表岂曾忘袭许？南国是吾家旧物，怨灵修浩荡，武关无故入盟秦！"联意仅在反对当时之孙、段、张三角联盟，于中山初无贬辞，闻孙先生治丧处诸人，得此联未敢悬挂，不解何意。

文人相轻，自古已然，虽硕学通人，亦往往不免。先生一代大师，文宗汉魏，持论能言人所不能言，其精到处每发前人所未发。严又陵（复）、林琴南（纾）与先生同时，均雅擅古文，并各以译述自显于当世，顾先生于严、林之文，乃深致不满，其言曰：

> ……下流所仰，乃在严复、林纾之徒，复辞虽饬，气体比于制举，若将所谓曳行作姿者也。纾视复又弥下，……浸润唐人小说之风，……与蒲松龄相次，……若然者，既不能雅，又不能俗，则复不得比于吴蜀六士矣。……

严先生持论矜慎，不闻于先生有所诋諆，林则反唇相稽，于先生之文亦抨击不遗余力，其言曰：

> ……庸妄巨子，剽袭汉人余唾，以钩扯为能，以饾饤为富，补缀以古子之断句，涂垩以《说文》之奇字，意境义法，概置不讲，侈言于众，吾汉代之文也！伧人入城，购摺绅旧敝之冠服，袭之以耀其乡里，人即以摺绅目之，吾不敢信也。……

自吾人视之，章先生既非庸妄巨子；畏庐译西洋小说百余种，使国人略知异国情调，实亦未可下侪于谈狐说鬼之蒲松龄；严又陵功在介绍一时期之西洋思想于中国，初非以文字与人争短长，凡章、林之所云云，以批评之旨趣衡之，均非持平之论也。

余平日在先生处所闻，以明末遗民故事及清末革命故事为多，盖前者为先生革命思想之所自出，后者则先生曾躬与其役者也。一日，先生问余近读何书，余告以正看陈寿《三国志》。先生曰："此书简练谨严，如能同时细看裴注，则可悟古人运用史料之法。"余于此书曾翻阅三四过，得先生指示之力为多也。

先生原名绛，后改炳麟，字太炎，生清同治七年戊辰（一八六八），卒民国二十五年丙子（一九三六），得年六十九。

太炎先生言行轶录

(民三在北京时代　民六在粤滇川时代)

吴蔼林[①]

太炎先生,一瞑万古,人琴俱废。虽流风遗韵,不可复追,而言行轶闻,报章竞载。念斯人之不作,寄怀想于空文,抑可痛矣。慈与订交,远在清末;入民国后,更多切劂。其逸情韵事,得诸亲所见闻,难一二数。在已见报载者外,其民三在北平,民六在粤滇川各省,尝共居处,有为世人所不知,或知而莫道其详者,爰笔述概要。虽当时人物,半为鬼雄,而鳞爪所存,全为实录。阅者既得谙当年情事,且于先生言行所存,亦可窥见一斑矣。

民三入京寓共和党之原因

共和党者,武汉革命团体民社中人,在民二时,反对三党合并之进步党,而宣告独立者,推黎公、宋卿为理事长,太炎先生副之。当癸丑讨袁之役失败,袁下令,逮捕国民党籍之国会议员,旋借口宪法问题,令国会停职,时民国三年春也。黎公既入京,居瀛台,共和党亦被

[①] 即吴宗慈(1879—1951),字蔼林,号哀灵子,江西南丰人,现代著名历史学、方志学家。

监视。太炎先生居沪，常发表反袁文字，一纸宣传，报章争载。袁恨且畏，而无如何。鄂人陈某，献媚于袁，谓彼可致太炎于北京，袁颔之。陈乃商之共和党郑某、胡某，于党中集会，谓党势孤危，不如请太炎先生来京，主持党事。党议韪之。不一月，先生遂入京，即寓化石桥共和党本部。到京后，仅一往晤黎公，袁遣人招之往见，弗应也。未几，共和党发现郑、胡二人，以太炎先生为帜（饵），因陈之介，得袁巨款，乃开会除郑、胡党籍，并与陈绝。初，先生曾语黎公：陈某心险叵，将来误民国，必此人。黎初不信。黎之入京，陈为袁设计者。至此，其言益验。

太炎先生，既居共和党，袁命陆军执法处长陆建章，派宪兵四名，驻党监视。其名则为保护，意在禁其出京，并监察其言论，凡共和党来往函件均须检验。于是行动、言论、通信自由之权，均被剥夺。先生寓共和党时之言行，兹片段之汇述如次。

某日，应黎堃甫（名宗岳）君约晚宴。乘马车（时北京汽车极少）出门，宪兵跃登车，前后夹卫之。初未注意，宴毕回寓，仍如之。先生疑，询慈及张亚农，未便实告。次日，再询胡培德君（鄂人），胡笑曰："此为袁世凯派来保护先生者。"乃大怒起，操杖逐之。宪兵逃。先生谓慈曰："袁狗被吾逐去矣。"慈应曰"诺"。

宪兵既被逐，易便服，来与慈、亚农谈判。（慈与亚农任党干事）。谓奉上命来，保护章先生，虽因触怒，然不敢怠，请易便服，居司阍室中。无以拒，但不令先生知而已。

先生居党部右院斗室中，朋辈过从极少，日共谈话者，为慈与亚农、张真吾三数人耳。上天下地，无所不谈，谈话既穷，乃狂饮，醉则怒骂，甚或于窗壁遍书"袁贼"字以泄愤，或掘树起，书"袁贼"无数纸，埋而焚之，大呼曰："袁贼烧死矣！"骂倦则作书为遣，大篆、小楷、行草，堆置案头，日若干纸。党中侪辈，欲得其书者，则令购宣纸易之，派小奚一人主其事。

某日，陆建章派秘书长秦某来晤慈与亚农，谓奉敝总长命（建章部下均称陆为总长），欲谒章先生，请先容。询何事，则曰："敝总长奉大总统命，谓章先生居此，虑诸君供亿有乏，将有所赠。"慈入告先生，导与相见。秦入，致词毕，探怀出钞币五百元置书案。先生初默无一语，至此遽起立，持币，掷秦面，张目叱曰："袁奴去！"秦乃狼狈而遁。

黎公念先生抑郁，召慈与亚农至瀛台，商所以安慰之策。嘱询先生在京，有何愿为事，经费可负责；并言袁对之，尚具善意，但不欲其出京，及发表任何文字耳。慈等归商先生，先生表示，考文苑事，愿为之。复命黎公，黎商允袁氏，年拨经费十五万元。先生开具预算，坚持非七十五万元不可；袁允经费可酌增，但不必如预算所列，设机关办事。约言之，即予以一种名义及金钱，示羁縻而已。先生最终表示，经费可略减，但必须设机关、办实事。当时且调侃慈与亚农："君辈穷鬼，得此既足资党费，又可以集同志，宁不佳耶？"双方谈判，终告决裂。黎公徒为扼腕，余等亦终为穷鬼，至今思之，殊堪失笑。当时预算中所拟办事人才，其高足弟子黄季刚赫然首选焉。

穷愁抑郁，既以伤生；纵酒漫骂，尤非长局。党中同人，商允先生讲学。于是国学讲习所克期成立。讲室即设党部会议厅之大楼，报名听讲者沓至，袁氏私人受命来监察者，亦厕讲筵。讲授科目，为经学、史学、玄学、子学，每科编讲义。党中此类书籍无多，先生亦不令向外间购借，便便腹笥，取之有余。讲授时，原原本本，如数家珍。其于贯串经史，融和新旧，阐明其义理，剖析其精要，恒多独到创见之处，在讲学时绝无政治上感情歧出之意义。不唯专诚学子，听之忘倦；即袁之私人，无不心悦诚服，忘其此来本意矣。

讲学不及二月，听者未藐藐，而先生倦矣。一日召慈、亚农等数人，商出京归沪事。时侦骑四布，安得行？然不敢告，设词阻之。先生怒曰："吾知君等穷措大，虑无行资。吾早有所备，但一人送吾至津登日本轮，宁不可耶？"因询先生所备行资几何。先生起，启衣籢，出束纸，则现币八十元。慈等语塞。于是出京之议决。先生握管，亲拟电稿，致夫人汤国梨女士，告即日返沪。初，先生到京，即被监视。夫人来函阅竟，投火炉中，不作复，渐并不阅。于是夫人书外封致共和党总务部，另有内封不缄。函到，慈即持奉先生面拆，先生命代阅，要事以告，否则不愿闻。某次，夫人函述黎公有函，致袁命，嘱其来京。夫人谓此以君为饵，吾决不来，望君坚其志节，无以家室为念。语恳要，先生为默然久之，然终不作复。至是，始亲笔拟电稿致夫人。

决议出京之翌日，党部同人设筵为饯。逆知出京必被阻，约纵酒狂欢，以误车行。尹硕权（昌衡）豪于饮，倡议以骂袁为酒令，一人骂则众人饮，不骂者罚。先生大乐。轰饮至下午五时。先生矍然起曰："时晏矣。"遂匆促赴车站。车站寂无人，京奉车早开矣。先生命移行箧六国饭店，明晨由哈达门登车，良便。慈等不可，谓价昂，旅资将不敷，不如仍回党部。先生不可，曰："无形监狱，不再入，盍移扶桑馆（东单牌楼之日本旅舍）？"从之。派庶务员同往照料。翌晨七时许，庶务员电话告慈："太炎先生，一人赴总统府矣。"即约亚农往扶桑馆，询究竟（因送先生赴津者为吾二人也）。悉先生一人服蓝布长衫，手羽扇，悬位章，雇街车前往，因追至。见先生兀坐招待室，候电话（凡谒袁者，先入新华门外之招待室，招待员电话请示于秘书处，然后候袁传见）。顷之，梁士贻来招待，方致词，先生曰："吾见袁世凯，宁见汝耶？"梁默然去。旋又一秘书来，谓总统适事冗，请稍待。久之，无耗。先生怒，击毁招待室器物几尽。至下午五时许，陆建章昂然入，鞠躬向先生曰："总统有要公，劳久候，殊歉。今遣某迎先生入见。"先生熟视有顷，随陆出登马车。车出东辕门，先生嗒曰："见总统，胡不入新华门？"陆笑对曰："总统憩居仁堂，出东辕门，经后门，进福泽门，车可直达，免步行耳。"先生颔之。噫，先生受欺矣！盖陆已奉袁命，幽先生于龙泉寺。

龙泉寺偏院屋五间，整而丽。袁谕建章特殊优待，不得非礼，但不许越雷池一步耳。建章奉命维谨。慈等偶候起居，得建章许可证，则直入无阻。先生焦怒极，常以杖扫击器物，并欲焚其屋，建章饬监守者慎防而已。先生无奈，宣言绝食。绝食既数日，袁询左右，孰能劝进食者。王揖唐曰能。揖唐本先生门下士，趋龙泉寺，先生命进见，见即斥之曰："汝来为袁世凯作说客耶？"揖唐曰："是何敢？"与道家常及他琐事，甚久，先生色少霁。揖唐漫然曰："闻先生将绝食死，有诸？"曰："然。"曰："其义何取？"曰："吾不待袁贼来杀，宁自饿死耳。"曰："先生如此，袁世凯喜而不寐矣。"曰："何故？"曰："先生试思之，袁世凯果杀先生，当易易；今若此，可知其非不欲杀，乃不敢杀耳。袁氏之奸，等于阿瞒；先生之名，过于正平。所以不敢者，千秋万世后杀士之名，不易负耳。先生自愿饿死，袁既无杀士名，又除腹心之害，先生所以为袁谋甚善，其自谋何疏？"先生嚯然起立曰："然耶。"趣以食进。

徐医生者（不忆其名），偶为先生诊疾，因互论中国旧医学，语甚洽。先生虽不能悬壶执业，为良医，然于医理通博，如《黄帝内经》《修圆灵胎》诸著作，咸能述其精要。徐极佩其记忆之强，先生亦赞徐之能明医理，故相得益彰焉。徐居近龙泉寺，每先生怒发不可解，监守者辄急请徐至，片言商兑，意气胥平。居数月，建章弥苦之，进言于袁，将宽其禁，时黎公亦屡向袁譬解，于是乃得由龙泉寺，移住徐宅。先生长女嫁龚未生，因家庭琐事口角，赴徐宅，诉于先生。先生曰："胡不死？"女果自经，先生大恸。或谓先生："君女之死，乃遵父命；既命之矣，何恸之深？"先生呜咽曰："讵料其真死耶？"

先生性简质，于一切事物，恒独往独来，无适无莫。人或谥之曰"疯"，殆由于此。虽然，先生之终为朴学大师，独有千古，而不为民国之政治家，亦由此耳。此为民三在北京时代言行之轶录也。

民六在粤滇川各省之轶事

护法之役，中山先生，率海军南下。国会非常会议，成立于广州，中山先生被选大元帅，陆荣廷、唐继尧副之。先生任大元帅府秘书长，簿书烦琐，既所不屑，议事又常与展堂不洽，乃请赴滇、川等省，宣播护法之旨。中山韪之。遂以大元帅府秘书长名义行。其时慈与王君芷塘，被推国会代表，赴滇送副元帅证书，冀赓屡电促任调停川滇战事，中山先生，又畀以劳军名义，令与先生偕行。正办理护照，准备起程。北政府商驻京法使，电致安南总督，不许革命政府人员过境，粤港法领，拒护照签字。乃各易姓名，先生易姓名为张海泉，故沿途戏以海泉呼之，先生应如响。及抵安南海防，华侨来招待，安全通过。抵滇，冀赓衣上将礼服，率侪飞军郊迎，执礼甚恭。遂馆于八邑会馆。每日下午，则赴军署欢宴，谈谐至深夜。冀赓之尊人墓碑，墓上楹联，皆先生所撰写。云南产名酒（似四川大曲酒），味醇而性烈。某日，先生饮酣。在座者行酒令，慈与芷塘所负，先生辄夺以代饮，并举当日在共和党纵酒骂袁、以致误事，种种趣事告唐，阖座大噱。既，饮至极醉，卧八邑会馆三日，头重不能起床，慨然曰：“酒之误我又一次，从此誓不痛饮矣。”居半月余，慈与芷塘赴川。先生与冀赓，则同赴贵州毕节。毕节设川滇黔三省军事指挥之总部故也。当启行时，先生制大纛，大书"大元帅府秘书长"名义，大逾冀赓主帅纛约三分之一。冀赓之副官长以告冀赓，但笑颔之。即令副官长随先生行，照料一切。滇黔旅行，非在正站，则食宿均不便，兵站供应均设正站，故大军尤应按站行。先生则随兴所至，或多行二三十里，或少行一二十里；且常索白兰地酒、大炮台烟，日藉以驱瘴，不能得，则大怒。冀赓每至站，必遣询副官长以太炎先生起居，或因逾站行，或尚未到站，故副官长常受窘，致被申斥。及抵毕节，副官长对人言：“此行之罪受尽矣。”然先生对此副官长，颇有相当报酬，常为其父母题墓碑，及书应酬字，有求必应，副官长亦常以此自豪也。

同行赴毕节者，尚有桂籍议员王乃昌。某次因议事与先生忤，先生则操杖击之。

川中军事生变化，熊克武遣使请冀赓移节重庆，以便指挥。时冀赓为三省联军总帅也。冀赓乃请先生先赴渝，与熊氏商军事。其时北政府，冯、段交恶，冯离京南下，至蚌埠，为倪嗣冲所阻，仍回北京。李纯者，冯系也，方督江苏。因之，主张渐与南方相近，与莫赓电商，意欲于护法主张，稍取衷折之义，则北方直系，可与南政府共倒皖系。先生知其事，乃电函络绎责莫赓，不应有始无终、陷于不义，辞切直。莫赓遣人致意，谓政治主张，固应坚定不移，然手段办法，似当多取途径，未能径情直遂，望加原谅；且自誓必不负中山也。事过境迁之后，先生对莫赓亦释然无间焉。此为民六在粤、滇各省言行之轶录也。

综论先生数十年间，在革命团体，与政治关系上，其能始终无间然者，只黎宋卿一人。常谓宋卿厚重诚笃，为革命团体中有数人物。最恨以党为标榜自图功名富贵之流，目之为蛀党虫云。